사뿐사뿐
차한 걸음

나를 위한 하루 시리즈

〈나를 위한 하루〉 시리즈는 숨 쉴 틈조차 없이 바쁘게 살아가는 사람들을 하루 위한 쉼과 재충전, 치유와 회복을 위해 만들었습니다. 빡빡한 일상에서 시리즈 이리저리 부대끼며 살아갈 때, 매일 열심히 뛰며 노력하지만 정작 아무 만족감 없이 밀려드는 공허함을 느낄 때, 나 자신을 돌아보며 스스로에게 충실한, 선물 같은 하루를 드리고자 합니다.

티 마스터 정지연이 알려주는 차의 모든 것

사뿐사뿐 차 한 걸음

초판 1쇄 발행 2024년 5월 10일

지은이. 정지연
펴낸이. 김태영

도서출판 큐(씽크스마트)
경기도 고양시 덕양구 청초로66
덕은리버워크 지식산업센터 B-1403호
전화. 02-323-5609

홈페이지. www.tsbook.co.kr
블로그. blog.naver.com/ts0651
페이스북. @official.thinksmart
인스타그램. @thinksmart.official
이메일. thinksmart@kakao.com

ISBN 979-11-984411-5-7 (03590)
© 2024 정지연

*씽크스마트 - 더 큰 생각으로 통하는 길
'더 큰 생각으로 통하는 길' 위에서 삶의 지혜를 모아 '인문교양, 자기계발, 자녀교육, 어린이 교양·학습, 정치사회, 취미생활' 등 다양한 분야의 도서를 출간합니다. 바람직한 교육관을 세우고 나다움의 힘을 기르며, 세상에서 소외된 부분을 바라봅니다. 첫 원고부터 책의 완성까지 늘 시대를 읽는 기획으로 책을 만들어, 넓고 깊은 생각으로 세상을 살아갈 수 있는 힘을 드리고자 합니다.

*도서출판 큐 - 더 쓸모 있는 책을 만나다
도서출판 큐는 울퉁불퉁한 현실에서 만나는 다양한 질문과 고민에 답하고자 만든 실용교양 임프린트입니다. 새로운 작가와 독자를 개척하며, 변화하는 세상 속에서 책의 쓸모를 키워갑니다. 흥겹게 춤추듯 시대의 변화에 맞는 '더 쓸모 있는 책'을 만들겠습니다.

*천개의마을학교 - 대안적 삶과 교육을 지향하는 마을학교
당신은 지금 무엇을 배우고 싶나요? 살면서 나누고 배우고 익히는 취향과 경험을 팝니다. 〈천개의마을학교〉에서는 누구에게나 학습과 출판의 기회가 있습니다. 배운 것을 나누며 만들어진 결과물을 책으로 엮어 세상에 내놓습니다.

자신만의 생각이나 이야기를 펼치고 싶은 당신.
책으로 사람들에게 전하고 싶은 아이디어나 원고를 메일(thinksmart@kakao.com)로 보내주세요.
씽크스마트는 당신의 소중한 원고를 기다리고 있습니다.

티 마스터 정지연이
알려주는 차의 모든 것

사뿐사뿐
차 한 걸음

정지연 지음

🌿 시작하며

　대학에서 처음 차를 접하고 찻잎을 덖으며 다도를 배웠다. 20대의 어린 마음엔 찻잎을 덖는 과정도 너무 힘들었고, 정적인 다도를 받아들일 준비가 되지 않았기에 재미가 없었다. 단순히 공부로만 받아들였던 차는 그렇게 6개월의 짧은 시간 동안 내 마음에서 점점 멀어졌다.

　30대가 되어 여행으로 갔던 지역의 어느 사찰에서 우연히 녹차를 마셨는데 그동안 맛이 없다고만 느꼈던 녹차에서 그날따라 향긋하고 부드러운 단맛이 느껴졌다. 이후 차의 향미와 다양한 다류의 향미의 차이에 호기심이 생겼고 어떻게 하면 더 맛있게 먹을 수 있을까 궁금했다. 집에 돌아와 예전 책을 찾아서 뒤져보거나 새로운 책을 사서 보기도 하고, 새로운 선생님들께 교육을 다시 받아보기도 하며 혼자 차 연구를 시작했다.

　이젠 티 마스터가 되어 교육을 시작하니 내가 설명하고 싶은 내용을 모두 담은 책이 필요했다. 차는 용어도 어렵고, 이름도 어렵고, 종류도 다양했기에 쉬운 설명과 함께 차를 마시는 방법과 우리는 방법을 제대로 설명하는 책이 있다면 혼자서도 차를 깊이 있게 즐길 수 있지 않을까? 이 책은 그런 고민에서 출발했다. 나와 같은 생각을 하는 분들께 이 책이 작게나마 도움이 되길 바란다.

CONTENTS

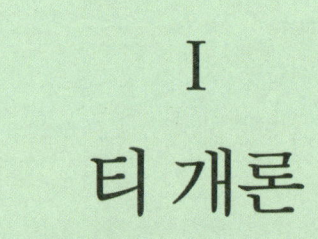

I
티 개론

1. 차(Tea)의 정의

① 차나무의 어린잎을 달이거나 우린 물

② 식물의 잎이나 뿌리, 과실 따위를 달이거나 우리거나 하여 만든 마실 것
  을 통틀어 이르는 말. 인삼차, 생강차, 칡차 따위가 있다.

출처 : 네이버 지식백과

🌿 세계 3대 음료

동양의 차   서양의 커피   남미의 마테

2. 차의 종류

🌿 클래식차 스트레이트

- 한 지역에서 생산된 찻잎(single origin)으로만 만든 차
- 찻잎 외의 다른 재료를 섞지 않은 차로, 일반차 또는 클래식차라고 한다.

녹차 (보성녹차, 하동녹차 등)

홍차 (다즐링, 아쌈, 기문 등)

백차 (월광백, 백모단 등)

청차 (동방미인, 철관음 등)

흑차 (보이차), 황차 등의 6대 다류

🌿 블렌딩차 블렌딩을 한 차

- 서로 다른 찻잎을 섞어 만든 차
- 산지가 다른 찻잎을 섞어 만든 차(홍차)

> 잉글리시 블랙퍼스트, 실론티 등
>
> 트와이닝, 로네펠트, 포트넘앤메이슨 등의
>
> 브랜드에서 판매하는 블렌딩 티

🌿 가향가미차 향과 맛을 더한 차

- 차에 찻잎 이외의 재료를 섞어 그 향이나 맛을 더한 차

> **얼그레이**
>
> 운향과 식물인 베르가못 오일을 찻잎에 뿌려 향을 입힌 차
>
> 천연 또는 인공 착향료(에센셜 오일)를 찻잎에 뿌려 향을 입힌다.
>
> **마샬라차이**
>
> 인도의 향신료를 넣어 함께 우린 밀크티
>
> 말린 과일이나 꽃잎, 향신료 등을 찻잎에 직접 섞어 맛을 더한다.
>
> **자스민차**
>
> 녹차에 자스민 꽃을 쌓아 향이 배어나도록 한 차
>
> 찻잎에 직접 넣거나 근처에 두어 향이 배게 하여 만든다.

🌿 대용차 찻잎을 사용하지 않은 차

- 차나무의 찻잎 이외의 열매나 꽃, 곡물 등을 이용하여 만든 차

허브차 (루이보스, 카모마일, 페퍼민트 등)

과일차 (레몬차, 유자차, 모과차 등)

곡물차 (율무차, 현미차 등)

꽃차 (목련차, 국화차, 메리골드 등)

3. 차의 기원과 역사

🌿 차의 기원

차의 기원은 크게 두 가지 설화가 있다.

1) 신농설화

신라시대의 삼황 중 하나인 신농은 한약의 시조라 전해진다. 어느 날, 신농은 백성들의 무지함을 안타까워하다 약초의 효능과 피해야 할 독초를 백성들에게 알리기 위해 스스로 많은 약초를 먹어보다가 독초를 먹고 괴로워하던 중, 안타까워하던 하인이 따뜻한 물에 찻잎을 넣어 가져와 마셨는데 몸속의 독이 빠져나가 찻잎의 효능을 깨닫고 백성들에게 전한다.

농업의 신이기도 한 신농은 농사를 짓고 농기구와 불을 이용하여 물을 끓이는 방법도 가르쳤다 하여 '염제'라고도 불렸으며, 찻잎을 재배하는 방법도 전하게 된다.

2) 달마설화

어느 날 졸음을 이기지 못하고 잠이 들었다 깨어 스스로에게 화가 난 달마대사가 눈썹을 뽑아 마당에 던졌는데, 거기서 나무 한 그루가 자랐다. 이후, 수련 중 졸음이 오자 옆에 있던 그 나무의 잎을 우연히 씹어 먹었는데 졸음이 달아나고 머리가 맑아져 이 나무의 정체를 알게 되는

데, 이 나무가 차나무였고 사람들에게 차나무의 효능을 전한다.

🌿 차의 역사

1) 중국

(1) 당나라 시대(618~906)

차의 한자 '茶'를 창제한 시기로 차를 음료로 마시기 시작하였다. 육우의

『다경』¹⁾이 기록되고, 차 문화가 시작되었다.

- **음용 방법** : 병차, 자다법(병차를 다연자로 가루를 내어 끓여 마시는 방법)

(2) 송나라 시대(960~1279)

고산지대에서 본격적인 차 재배를 시작하였고, 당대보다 차 재배면적이 3배가량 증가하였으며, 단차²⁾를 제조하였다. 송나라 시대부터는 일반 사람들도 차를 즐기는 문화가 생기며 투차³⁾가 성행하였고, '개문칠건사⁴⁾'로 불리는 등 생활필수품이 되었다.

- **음용 방법** : 단차, 점다법(차선으로 거품을 내서 마시는 방법)

(3) 원나라 시대(1271~1368)

원나라 시대에는 황제에게 헌상하기 위한 어다원을 설치하고, 단차와 산차⁵⁾를 혼용하였다.

(4) 명나라 시대(1368~1644)

차학의 발전이 최고조에 이르는 시기로, 차에 관한 서적이 55종 이상 간행되었고 공정이 복잡한 단차 제조를 중지⁶⁾하고 산차를 제조하게 되는데,

---

1) 차의 기원과 생육, 차의 재배와 제조 방법, 차를 끓이는 방법과 마시는 방법, 약효, 산지 등을 정리해 놓은 책
2) 차의 가루를 뭉쳐 덩이 형태로 만든 것
3) 차를 겨루는 것으로 '투다'라고도 함
4) 매일 아침 문을 열며 걱정해야하는 7가지의 중요한 일이라는 뜻으로, 땔나무, 쌀, 기름, 소금, 간장, 식초, 차가 있다. 『몽량록』
5) 찻잎을 낱잎의 형태로 만든 것
6) 제조과정이 번거롭고 손이 많이 가는 단차로 인해 차농들의 피해가 심하여 단차 제조를 중지하고 산차 제조를 권장하였다.

이는 다양한 형태의 차와 이에 맞는 다기와 제다법이 연구, 개발되는 데 큰 영향을 주었다.

특히, 찻잎을 다관에 넣고 우리는 '포다법'으로 차의 향과 부드러운 맛을 즐기게 되었고, 차를 우리는 다관에 관심이 높아지며 자기와 다구의 발달로 이어졌다.

또한 이 때에 유럽과의 무역도 증가하게 되는데, 홍차의 개발(1600년경)과 더불어 차와 다기의 무역이 활발히 이루어지면서 명나라 시대 말인 16세기 이후 중국 6대 다류 제조가 시작되었다.

● **음용 방법** : 산차, 포다법(다관에 물과 찻잎을 넣어 우리는 형태)

명나라 시대 차의 전파 경로

육로(광둥성 기준)

서쪽 : 인도, 중동, 터키, 티벳, 러시아

북쪽 : 몽골

동쪽 : 조선, 일본

광둥성의 마카오를 통해 포르투갈로도 수출됨

해로(푸젠성 기준)

남쪽 : 동남아시아 국가

서쪽 : 이탈리아, 스페인, 프랑스, 네덜란드, 영국, 독일 등 유럽 국가

---

(5) 청나라 시대(1644~1912)

산차를 즐기게 되면서 다양한 형태의 다관이 나타나는데, 차를 여러 번 우려먹기 좋게 찻잔의 크기가 작아지고, 그에 맞는 자사호, 개완배가 등장

하게 되었다.

또한 유럽과의 무역이 늘어나면서 유럽인들에게 인기가 더 높은 홍차를 대량으로 수출하게 되었고, 이에 따라 도자기의 수출도 늘어나 중국의 도자기가 큰 입지를 다졌다.

부분산화차인 청차(1725), 자연산화차인 백차(1796)제조가 시작되었고, 1729년에는 흑차(보이차)가 황실의 진상품인 공차로 지정되면서 사람들에게 알려지기 시작하였다.

그동안 청나라는 차 제조법을 비밀로 유지하며 서양과의 무역에서 우위에 있었으나 아편전쟁 후에 영국과 체결한 난징조약을 시작으로 미국과 왕샤조약, 프랑스와 황푸조약을 추가로 맺으면서 외세의 개입이 시작되었다.

· **음용 방법** : 산차, 포다법

(6) 쇠퇴기와 재부흥기

영국과의 아편전쟁(1840~1842)과 태평천국 운동(1851~1864)으로 중국의 차 시장은 침체기에 들어섰다.

먼저, 영국을 대상으로 광저우를 통해서만 무역하던 차(관허제한무역)를 아편전쟁으로 샤먼, 푸저우, 닝보, 상하이가 추가개항 되었고, 영국이 인도에서 차를 생산하면서 1886년부터 중국의 차 수출량이 급격히 감소하였다.

또한 마오쩌뚱의 문화 대혁명(1966~1976)으로 차 문화가 급격하게 쇠퇴하였는데, 이후 덩샤오핑의 실용주의개혁조치(1981)로 중국 경제성장을 도모하며 중국의 차 생산량을 1886년 이전 수준으로 회복시켰고 1986년 다시 세계 차 생산량 1위를 탈환하였다.

2) 일본

(1) 헤이안 시대(794~1185)

당나라의 문화와 불교, 차 문화에 관심이 높아지면서 당의 차 씨앗을 가져와 교토 사카모토 지역에 심은 것이 일본 차의 시초가 되었다. 당시 불교 의식에 차가 사용되었다고 기록에 전해지나, 이후 400년 동안 차에 대한 기록이 없어 한시적 사용이었던 것으로 추측된다.

(2) 가마쿠라 시대(1185~1333)

본격적인 일본의 차 문화가 시작되는 시기로, 차나무를 심기 시작하였고 일본 차의 다조로 불리는 에이사이 선사가 『끽다양생기(喫茶養生記)』를 통해 송나라의 차 제조 및 음용 방법을 전하여 점다법이 일본의 차 문화에 많은 영향을 주었다. 또한 귀족 중심의 화려한 문화가 유행하면서 투다가 성행하였다.

(3) 무로마치 시대(1336~1573)

귀족과 무사 중심의 화려한 차 문화에서 승려인 무라타 주코의 영향을 받은 차분하고 소박한 상태의 '와비[7] 사상'의 차 문화로 전환되면서 지금의 일본 특유의 조용한 차 문화가 만들어졌다.

---

7) 부족한 상태에서도 충족을 끌어내는 것

(4) 모모야마 시대(1574~1600)

선종의 불승인 센노 리큐가 차와 불교의 관계를 정리한 책을 편찬하여 일본의 차 문화에 정신과 사상을 심어주었다. 또한 도요토미 히데요시가 센노 리큐를 다두[8]로 세우며 와비 사상은 일본의 다도 문화를 완성하게 되고, 이후 와비차[9]로 발전하게 되었다.

이후 다양한 계층으로 인기가 확산되며, 이와 함께 맛차 양식이 선종 불교에서도 중요한 위치를 차지하였고 차노유의 미적 측면에서도 철학적 차원과 의례화되어 차노유 양식이 완성된다.

다도는 조용하고 엄숙한 분위기의 다실에서 진행되며, 다실의 입구를 바닥에 가까운 곳에서 정사각형의 형태로 사람 몸이 겨우 들어갈 수 있을 만큼 작게 만들어 입회하기 위해 들어갈 때 몸을 낮춰 허리와 고개를 숙이고 겸손한 마음으로 들어서게 하여 다실에서는 모두가 평등한 자격으로 만나야 한다는 일본 다도 문화의 정신[10]을 담고 있다.

(5) 에도 시대(1603~1807)

다이묘[11]가 경제부흥을 위해 녹차 생산을 증가시키면서 차 문화를 장려하고 확립하여 중화되었고, 찻잎을 만드는 제조법이 다양해지기 시작하였다.

또한 17세기 중국 승려 은원이 전파하였으나 큰 호응을 얻지 못했던 포다법이 19세기 들어 나가타니 쇼엔의 센차[12] 개발로 호응을 얻기 시작하면서

---

8) 다도 스승을 부르는 말. 다두는 협상 또는 사신의 역할 수행하였으며 국가의 중요한 회의에도 참여하였다.
9) 차를 마시는 것에 사상과 철학을 담은 의식의 형태
10) 가장 아래에 신도가 있고, 그 위에 무사 정신이 있고, 그 위에 선종이 있고, 맨 위에 다도가 있다.
11) 에도 막부 시대에 독립된 영지를 소유한 영주. 자신의 영지에서 자치권을 행사할 수 있었다.
12) 잎을 증청(증기로 쪄서 유념)한 차

에도지역을 중심으로 성장하였다.

이후 네덜란드 동인도 회사가 유럽에 일본 차를 수출(1610, 히라도)하기 시
작하며 일본의 차 무역이 시작된다.

(6) 메이지 시대(1868~1912)

미·일 수호 통상조약으로 요코하마가 개항하고 차는 비단과 함께 일본
주요 수출품이 되어 생산량을 맞추기 위해 자동화 생산이 시작되었다. 이
시기에 녹차(야부키타종)[13]를 영국에 본격적으로 수출하였으나 1912년 이후
영국의 홍차에 밀려 녹차 수출이 점차 줄어들고 자국 내의 소비가 늘어나게
된다.

(7) 일본의 차노유

다실의 작은 문을 통해 허리를 숙이며 들어가며 마음가짐을 겸손히 하는
것으로 입회하여 쇼자(초좌)에서 첫 절차로 가이세키[14]와 고농도로 우린 코
이차(농차)를 마신 후, 휴식 시간을 갖고 후반부인 고자(후좌)를 진행한다. 이
때 저농도로 우린 우스차(박차)를 음용하는데, 보통 1~3시간 정도 걸리기 때
문에 정원의 정자에서 진행하고 이로 인해 일본의 정원 조경이나 건축 예술
발달에 영향을 주었다.

---

13) 스기야마 히코사부로가 개발한 재배종. 현재 일본 재배지의 약 85% 이상에서 재배되며, 재래종에 비
   해 해충에 취약하다. 뿌리가 가늘고 넓게 퍼지는 특징을 갖고 있어 비료와 농약 사용이 필수적이다.
14) 가벼운 식사. 보통 다과를 말한다.

(8) 차노유 의식

다실에 손님을 맞이한 안주인은 먼저 가이세키를 대접하고, 차를 우릴 준비를 한다. 징을 5번 친 후, 맛차 세 스푼을 차완에 넣고, 뜨거운 물 한 국자를 부어 격불[15]한다.

이후 첫 손님에게 무릎을 꿇은 채 다가가 차를 건네며 인사하면 첫 손님은 함께 인사하며 세 모금 마신 후 주인에게 감사의 뜻을 전하고 자신의 입술이 닿았던 차완 부분을 카이시[16]로 닦고 옆 손님에게 전달한다.

마지막 손님까지 반복하여 차를 마신 후 첫 손님에게 건네면 차를 다시 안주인에게 건네면서 쇼자가 마무리되고, 잠시 휴식 시간을 가진 뒤 고자를 진행한다.

---

15) 차선으로 빠르게 저어 거품을 내는 것
16) 차완을 닦는 종이

3) 우리나라

(1) 김수로 왕의 왕비 허황옥(삼국유사, 가락국기편) 설화

인도 아유타국 공주였던 허황옥이 어느 날, 꿈에서 동쪽으로 가 배필을 만나라는 하늘의 계시를 받고 배를 타고 와 김수로를 만나 혼인하게 된다. 허황옥은 혼수품 중 하나로 갖고 온 차나무를 김해지역에 심어 이곳에서 차 재배가 시작되었다.

(2) 삼국사기

신라 흥덕왕 3년에 당나라 사신이었던 대렴이라는 대신이 차 종자를 가지고 들어와 지리산에 재배를 시작하였다.

(3) 고려 시대

불교가 국교였던 고려는 불교문화와 함께 차 문화 전성기에 해당한다. 다방(국가기관), 다촌(차를 생산하는 곳), 다소(차 생산의 집중관리를 위한 장인들의 행정구역)가 있었으며 승려들이 차 재배를 담당하였다.

(4) 조선 시대

숭유억불 정책으로 불교문화를 배격하며, 불교문화의 하나인 차문화도 축소되었다.

(5) 쇠퇴기

1480~1750년에 걸친 소빙기의 영향으로 크게 떨어진 기온에 작물 재배가

어려워져 마찬가지로 차의 생산량도 줄었지만, 청나라에 공물로 보낼 물량은 많아 차에 과중한 세금이 부과되어 경작을 기피하기 시작하였다. 차 생산이 줄어들자 '차례'[17]에 술을 올렸다.

(6) 조선 후기

기온이 다시 상승하면서 차 재배에 적당한 기후가 되고, 실학자들이 차 복원 노력을 시작하였다.

다산 정약용은 유배지였던 전남 강진 귤동의 뒷산(다산)에서 차나무를 재배하고 제다법을 개발하였다.

초의선사는 당대 석학들과 교류하면서 직접 차를 제다하고 선물하였고 '한국의 다경'이라 불리는『동다송』과『다신전』을 집필하였다.

초의선사 길
- 일지암으로 가는 길

일지암은 초의선사의 당호로, 39세에 은거의 뜻을 가지고 여생을 보낸 암자이다.

일지암으로 가는 언덕길

---

17) 차를 올리는 예절이란 뜻으로 원래 차례에는 술이 아닌 차를 올렸지만, 차가 부족해지면서 술을 올리게 된다.

추사 김정희는 초의선사의 오랜 벗으로 함께 차로 교류하며 수많은 다시[18]
를 남겼다.

(7) 일제강점기 이후

일제는 전통문화 말살 정책으로 조선의 차 문화를 억압하고 일본의 차 문화를 강요하였고, 해방 이후 6.25 전쟁 당시 유입된 서구 문화의 영향으로 커피가 기호 음료로 자리 잡으면서 차 문화는 다시 쇠퇴기에 들어선다.

1970년대에 비로소 차 문화 복원에 관심을 가지면서 정부에서 우리나라 차와 다원 육성을 지원하였으나 수요를 감당하기 어려워 홍차에 불량향료를 섞어 판매하면서 우리나라 홍차에 대한 불신으로 국민 사이에 불매운동이 일어나게 된다.

최근에는 다원 등에서 차 문화를 지키고 좋은 차를 생산하려는 노력과 전통문화와 차에 대한 관심이 늘어나면서 차츰 국내 차 소비가 늘어나고 있다.

4) 유럽과 미국

13세기부터 동양에 대한 관심이 높아지며 선교사, 상인에 의해 동양의 문물이 유입되기 시작했다. 16세기 들어 차에 관한 기록이 전해지면서 유럽인들이 차에 관심을 가지기 시작했고, 뛰어난 항해술을 가진 포르투갈이 아시아와 교역을 시작하면서 본격적으로 차가 유럽에 들어오기 시작하였다. 이후 차와 다기가 부와 권력의 상징이 되면서 설탕이나 샤프란 등 고가의 향

---

18) 차를 주제로 쓴 시

미료를 넣으며 과시의 도구로 차 문화를 즐기게 되었다.

　17세기가 되자 네덜란드가 동인도회사를 설립하며 포르투갈을 경유하지 않고 직접 동양과 교역 하였고 영국 또한 엘리자베스 1세의 인정을 받고 인도에 영국 동인도회사를 설립(1600)하면서 네덜란드와 영국의 무역 갈등이 시작되었다.

　1610년 일본의 차가 네덜란드에 수출되며, 동인도회사가 차 무역을 시작하고 자바에 다원을 개발하면서 본격적으로 유럽 사람들이 차를 음용하기 시작하였다. (유럽에 차를 처음 들여온 것은 포르투갈이었으나 네덜란드가 대중화에 앞장서면서 네덜란드가 유럽에 차를 전파한 나라로 인식되었다)

　차 때문에 일어난 유명한 전쟁이 영국과 중국(당시 청나라)의 '아편전쟁'이다. 영국 동인도회사는 포르투갈과 네덜란드를 통해 차를 수입하다가 1717년 중국과 직접 무역을 시작하였고 차의 수요가 지나치게 늘어나면서 무역 불균형으로 커진 적자를 해결하기 위해 중국에 아편을 밀매하게 되면서 전쟁이 일어난다. 이후 영국은 차 재배를 늘리기 위해 인도에 차를 심기 시작하고, 스리랑카에서도 재배에 성공하면서 중국의 차 의존도는 내려가게 된다.

　20세기 초가 되자 미국의 차 수입상들은 차를 판매하기 위해 소량의 차 샘플을 주석 용기에 넣어 상인들에게 보냈는데, 어느 상인이 상내직으로 값이 싼 비단에 넣어 보냈고 이를 그대로 뜨거운 물에 우려먹기 시작하면서 오늘날의 티백이 발명된다.

　1904년 7월, 미국 세인트루이스에서 열린 미국박람회에서 홍차를 판매하던 리처드 블레친든 회장은 사람들이 더운 여름날에 뜨거운 홍차를 마시지 않자, 홍차에 얼음을 넣어 판매하기 시작하면서 '아이스티'가 시작된다.

5) 영국

영국은 네덜란드보다 늦게 차가 보급되었는데 1657년 토마스 가웨이 (thomas garway)가 런던의 커피하우스, 가웨이즈(Garraways)에 처음으로 차를 판 것이 시작이었다. 이후 캐서린 왕비가 찰스 2세와 결혼하면서 차를 대량으로 영국에 가지고 와 귀족사회에 퍼지기 시작하였는데, 둘의 혼인은 영국 내의 혼란과 네덜란드 견제를 위한 것이었다.

당시 영국은 스튜어트 왕조 찰스 1세의 무리한 대외전쟁으로 국고가 바닥났고 청교도에 대한 억압으로 인해 청교도 혁명(1649)이 일어나며 찰스 2세 또한 왕권을 뺏기고 추방되었지만, 공화정이 실패하며 왕정이 복구되었다.

이러한 상황에 찰스 2세와 포르투갈 공주 캐서린이 혼인하게 되면서 캐서린은 결혼 지참금으로 7척의 배에 차와 설탕(브라질) 등을 가득 싣고 왔다. (당시 설탕은 은과 같은 값어치가 있었다)

캐서린은 중국의 차와 차 문화를 영국 왕실에 소개하였고, 이는 귀족들 사이에 유행으로 퍼지게 된다. 영국은 포르투갈에서 차를 직수입하거나 인도네시아에서 중국과 교역하였고, 18세기에 차가 대중화되면서 중국과의 무역을 본격적으로 시작하였다.

캐서린 왕비(Catherine of Braganza)는 포르투갈인으로서 최초로 여왕으로 칭송받았다. 잉글랜드 왕 찰스 2세와 결혼(1638~1705)하며 뭄바이, 탕헤르, 설탕 등을 혼수품으로 가져왔다. 당시 혼수품에는 차도 있었는데 자신의 건강을 위해 약으로 마시는 차였다고 알려져 있다.

당시 궁정 시인이었던 에드먼드 월러는 시를 통해 캐서린 왕비의 생일을 축하하면서 왕비가 들여온 차를 칭송하기도 했다.

18세기 중반, 홍차 수입량이 급격히 늘어나면서 수입량을 독점하는 형태

On Tea
by Edmund Waller

Venus her myrtle, Phoebus has her bays ;
Tea both excels, which she vouchsafes to praise.
The best of Queens, and best of herbs, we owe
To that bold nation, which the way did show
To the fair region where the sun doth rise,
Whose rich productions we so justly prize.
The Muse's friend, tea does our fancy aid,
Repress those vapors which the head invade,
And keep the palace of the soul serene,
Fit on her birthday to salute the Queen.

캐서린 왕비   에드먼드 월러의 시, 'On Tea'

로 홍차에 관세를 붙여 세금이 급격히 올라갔고 미국인들은 상대적으로 값싼 네덜란드 밀수 차를 마시기 시작하였다. 이에 반발한 영국이 1765년 인지조례법[19]을 이유로 미국에 과도한 세금을 부과하였고 이에 미국인들이 반발하면서 1773년 12월 16일 인디언으로 위장하여 보스턴 항구에 정박해 있던 영국 상선의 차 박스를 바다에 버리는 사건을 일으켰는데, 이것이 보스턴 차 사건(Boston Tea Party)이며, 미국 독립전쟁의 시초가 되었다.

1833년 자유무역의 시작으로 쾌속선이 건조되며 중국에서 런던까지 얼마나 빨리 도착하는지 겨루는 '티 레이스'가 성행하였다. 1866년 5월에 진행된 경기에서는 에리엘 호, 테핀 호 등 11척이 경쟁하여 중국에서 출발한 지 99일 만에 영국 템즈 강에 도착하였다. 이때 1위 에리엘 호와 2위 테핀 호는

---

19) 1773년에 영국 의회가 제정한 식민지 무역 규제법. 아메리카 식민지와의 차 무역 독점권을 동인도회사에 준다는 내용으로, 미국 독립 전쟁의 도화선이 되었다.

티 레이스 중인 쾌속선

약 20분밖에 차이가 나지 않았다. 하지만 증기선의 발명과 수에즈 운하가 개통되면서 무역 시간이 전체적으로 빨라져 티 레이스는 막을 내린다.

6) 애프터눈 티파티

18세기 초 영국에서 차는 매우 귀한 물건이었기 때문에 귀족들 사이에서만 즐길 수 있는 문화였지만, 18세기 중반에 홍차의 인기가 높아지면서 중산층까지 차 문화가 확산되었다.

티 아레나 애프터눈 티파티

영국인들은 아침을 든든하게 먹고, 점심을 가볍게, 저녁을 늦게 먹는 식습관 탓에 점심과 저녁 사이에 즐길 수 있는 간식 시간이 필요했고, 19세기 베드포드 가문의 7대 공작부인이었던 안나 마리아(1788~1861)가 하녀에게 점심과 저녁 식사 사이에 다기 세트와 빵, 버터를 쟁반에 담아 방으로 가져오게 하였는데, 이것이 지금의 3단 트레이와 애프터눈 티파티의 시초이다.

크림티

997년 바이킹의 침략으로 훼손된 마을 재건을 돕던 주민들에게 베네딕트 수도원의 수도사들이 빵과 크림, 차를 대접했던 것이 시작으로 알려져 있으며, 지금은 스콘에 클로티드 크림과 잼을 발라 차와 함께 즐기는 것을 말한다.

하이티 & 로우티

티를 즐길 때 부유층은 응접실에서 편하게 앉아서 마시기 때문에 낮은 곳에서 마신다하여 로우티라 하고, 중산층 이하는 식탁 등에서 높은 곳에 걸터앉아 마신다하여 하이티라 한다.

4. 차나무의 생육과 재배

🌿 차의 미세기후(떼루아)[20]

天 - 기후, 온도, 강수, 바람, 일조량

地 - 토양, 경사면, 고도, 배수

人 - 품종, 재배법, 제다법

---

20) 와인처럼 차가 생장하는 데 영향을 주는 조건. '미세기후'라고도 표현한다. 하늘의 영역(기후 등)과 땅의
    영역(토양 등), 사람의 영역(재배)으로 나눌 수 있다.

1) 학명

동백나무과 동백나무속 차나무종(Camellia sinensis (L.) O. Kuntze)

2) 분류

열대 아열대 상록 식물

(1) 소엽종(관목형)

사계절이 뚜렷한 곳에서 자라고, 잎의 크기는 약 6~9㎝로 키가 작으며 내한성[21]이 좋다.

(2) 대엽종(교목형)

아열대지역에 분포하며, 잎의 크기는 12~20㎝로 키가 크고 내한성이 약하다.

3) 생육

연 평균 기온이 14~16℃로 온난다습하고, 강우량과 일조량이 충분한 곳에서 잘 자란다. 차의 뿌리는 대체로 아래로 곧게 뻗는 형태이기에 배수가 좋으면 어떤 토양이든 잘 자라나, 그중에서도 약산성 (pH 4.5~5.5)을 띠고 통기성과 투수성이 좋은 아미노산 토양이나 점토질의 토양, 모래 토양은 차의 바디감[22]에 좋은 영향을 미친다. 또한, 과도한 질소는 차의 향을 떨어뜨리

---

21) 추위를 견디는 성질
22) 입 안에서 느껴지는 감각

고, 병충해를 입힐 가능성이 있다.

4) 원산지
중국에서 발견된 고대 차나무(운남 서쌍판납설)

5) 형태
차 나무의 높이는 야생에서 5~15m, 잎은 2~5㎝의 크기로 자라며, 관목형의 경우 1m를 넘지 않는다. 잎의 앞면은 광택이 없고, 일반적으로 단단하고 도톰하다. 모양이 뾰족한 타원형으로, 가장자리는 톱니모양을 띠고, 가지 끝 어린 싹은 솜털로 싸여있다.

차나무의 잎꽃은 대부분 흰색이며, 연한 붉은색도 있다. 일반적으로 꽃잎 5매, 꽃받침 5개의 홑 꽃의 형태를 띠고 품종에 따라 꽃잎이 6~8매이거나 퇴화된 것도 있으며 열매와 꽃이 함께 달려 '실화상봉수'[23]라고도 부

차나무의 잎

른다. 500개 이상의 휘발성 향미 성분이 있는 것으로 확인되었다.

---

23) 열매와 꽃이 같이 열리는 나무. 차나무의 열매는 이듬해 새 꽃이 필 무렵 완전히 성숙하기에 꽃과 열매를 동시에 볼 수 있다.

6) 재배지역

북위 42~43°의 튀르키예와 러시아 남부 코카서스 지역, 조지아 공화국(그루지야)의 흑해 지역부터 남위 30°에 가까운 남아메리카의 아르헨티나, 호주의 퀸즐랜드까지 광범위하게 재배된다.

7) 주요생산지

차는 생산지역의 재배 환경과 기후, 품종에 따라 다양한 종류로 만들어지며 각 지역의 문화적 요소와 결합해 제조되는 형태도 다르기에 차나무가 재배되고 가공되는 생산지는 차의 종류를 구분 짓는 중요한 요소가 된다.

세계 5대 차 생산국은 중국, 일본, 대만, 인도, 스리랑카가 있다.

8) 차의 식물학적 분류

차나무는 크게 3가지로 분류할 수 있다.

(1) Camellia sinensis var. sinensis

동백나무속 시넨시스종 시넨시스 변종(var. sinensis)

- **원산지**: 중국의 윈난성(운남 서쌍판납 추정)
- **특성**: 주간(원줄기)이 구분되지 않는 관목형으로 딘딘하고 도톰히며, 짙은 녹색을 띤다. 가뭄과 서리에 비교적 강하고 잎이 작아 낮은 온도에서 잘 견딜 수 있기에 고산지대에서도 재배가 가능하다.

    주로 중국 동부, 동남부, 한국, 일본에서 재배하며 그 밖에 인도 다질링, 닐기리 일부, 스리랑카 고산지대에서도 재배한다.

    내성이 강하여 질병, 해충 피해가 적은 편이며, 중국 윈난성에서 자생하는 대엽종의 차나무를 중국 대엽종(고로종)이라고 하지만, 보통 시넨시스종의 하위 변종으로 분류된다.

제라니올(Geraniol)[24] 함량이 높아 장미향이 나는 것이 특징이며, 반대로 테르펜(Terpene)지수[25]는 낮아 풍미가 좋다.

(2) Camellia sinensis var. assamica

동백나무속 시넨시스종 아싸미카 변종(var. assamica)

- **원산지**: 인도 아쌈 지방에서 발견된 자생종(인도 대엽종으로 불린다)
- **특징**: 원줄기인 주간이 뚜렷이 구분되는 교목형으로 야생에서 10~15m 까지 자라고, 잎의 길이는 20~30cm로 찻잎의 두께와 색은 시넨시스보다 얇고, 옅은 녹색을 띤다.

시넨시스보다 내성이 약해 가뭄이나 서리에 잘 견디지 못하여 해충과 질병 피해가 큰 편이나 폭우나 온난 다습의 기후는 잘 견뎌 몬순 기후[26]에서도 재배가 가능하다. 주로 열대 기후에 속하는 인도의 아쌈, 마니푸르주, 스리랑카 저지대, 아프리카 일부, 그 밖에 타이완 일부에서 재배한다.

다양한 성분들을 풍부하게 함유하고 있어 진한 수색이 특징이고, 리날로올(Linalool) 함량이 높아 나무향이 짙은 편이다.

---

24) 주로 레몬이나 제라늄, 장미 등 식물의 정유에 함유된 모노테르페노이드의 일종으로 알코올이다.
25) 강한 향을 발산하여 곤충으로부터 보호하는 효과가 있다. 1에 가까울수록 제라니올의 양이 거의 없다는 뜻이다.
26) 아열대 지역에서 일어나는 기후로 강한 비와 폭풍, 태풍이 발생한다.

(3) Camellia sinensis var. cambodiensis

동백나무속 시넨시스종 캄보디엔시스 변종(var. cambodiensis)

- **원산지**: 캄보디아 열대 우림 지역
- **특징**: 시넨시스와 아싸미카와 마찬가지로 Camellia sinensis의 3대 아종 이다. 야생에서 시넨시스와 아싸미카의 중간 정도의 크기인 약 6~10m 로 자라고, 잎은 원뿔 모양으로 황록색을 띤다.

  테르펜지수(TI)가 1에 가까울 정도로 매우 높고 향미지수[27]는 낮아 향미 가 떨어지고 품종의 생산성도 낮지만, 교잡능력이 좋아 폼종 개량용으 로 사용된다.

---

27) 테르페노이드(식물의 향기 성분)와 비테르페노이드의 비율

5. 6대 다류

🌿 제조에 따른 6대 다류

찻잎은 녹차용과 홍차용이 따로 있
는 것이 아니라 제다 방법에 따라 다
음과 같이 6대 다류로 나뉜다.

1) **녹차**(Green Tea, 뤼차) : 비 산화차
열을 가하여 산화시키지 않은 차

2) **백차**(White Tea, 바이차) : 자연 산화차

채엽[28] 후 시들리기로 자연 산화시킨 차

3) 청차(Oolong Tea, 칭차): 부분 산화차
20~80%만 부분 산화시킨 차

4) 홍차(Black Tea, 홍차): 완전 산화차
완전 산화시킨 차

5) 황차(Yellow Tea, 황차): 경미 발효차
가볍고 약하게 발효시킨 차

6) 흑차(Dark Tea, 헤이차): 후 발효차
녹차 제조 후에 발효 시킨 차

---

28) 찻잎을 따는 작업

Ⅱ
물

1. 물의 중요성

사람의 몸은 70%가 물로 이루어져 있다. 몸에 물이 2% 부족하면 갈증을 느끼고 5%가 부족하면 기절하며, 7% 부족하면 장기가 손상되고 10% 부족하면 사망에 이를 정도로 물은 우리 몸에서 굉장히 중요한 부분을 차지한다.

차를 우릴 때에도 물은 중요한 재료인데, 중국의 차문화총서에는 '물은 곧 차의 어머니'라고 하였고 중국의 다성인 육우의 『다경』에는 '차를 우리는 데 9가지 어려움 중 5번째 어려움이 택수(물을 고르는 것)'라고 하면서 차를 우리는 물은 차산에서 나오는 샘물을 사용하고, 차를 우리는 물 중에서 상품(上品)은 산수, 중품(中品)은 강물, 하품(下品)은 우물물이라고 하였다.

또한 조선 시대 3대 다성인 초의선사는 『다신전』에서 '차는 물의 신이요, 물은 차의 체이니, 진수가 아니면 그 신기가 나타나지 않으며, 정차가 아니면 차의 체를 볼 수 없다'라고 하여 차를 우리는 데 물이 얼마나 중요한지 설명하였다.

2. 차와 물의 관계

🌿 물의 종류

차를 우리는 데 사용하는 재료로는 찻잎과 물뿐이기에 물의 상태와 종류가 차의 향미에 큰 역할을 한다.

물에는 바디감이 강한 물이 있는가 하면 거의 아무 맛도 느껴지지 않는 물도 있는데, 여러 성분이 물맛에 영향을 주기 때문이다.

물맛에 영향을 주는 성분들로는 TDS, 경도, 탄산가스, pH 등이 있으며 TDS는 50~300㎎/l, 경도 10~100㎎/l, 탄산가스 3~7.5㎎/l, pH는 중성이 먹기 편하고 맛이 좋다고 할 수 있다.

TDS는 물속에 녹아있는 미네랄 함량으로 2017년 우리나라에 외국의 먹는샘물이 수입되면서 표기하기 시작하였다. 물의 섬세한 맛을 내며 음식과 물의 조화에 중요한 역할을 한다.

경도는 칼슘(Ca)과 마그네슘(Mg)의 함유량으로 물의 세기를 나타내며, 경도가 낮을수록 연수(17.1mg/l이하), 높을수록 경수(120mg/l이상)에 해당한다. 칼슘이 높으면 쓴맛이 덜하고 마그네슘이 높으면 쓴맛이 더 난다.

탄산가스는 스틸워터(Still water, 0), 에퍼베슨트워터(Effervescent water, 0~2.5), 라이트워터(Light water, 2.5~5), 클래식워터(Classic water, 5~7.5), 볼드워터(Bold water, 7.5 이상)로 나뉘며 pH는 수소이온농도지수로 수소이온이 높으면 산성으로 신맛이 높은데, 산의 성질은 차의 향미를 상승시키고 수산화이온이 높으면 알칼리성으로 쓴맛이 높고 미끌미끌하다. 예를 들어 pH7.3~7.8의 물은 약알칼리성으로 약한 단맛을 낸다.

차를 우리기 좋은 물은 차 본연의 향미 성분을 방해하지 않는 정도, 즉 약간의 미네랄이 함유된 물로 TDS 50~250mg/l, 스틸워터, pH 중성 혹은 약산성이 좋고 경도는 다류에 따라 다르게 사용하는 것이 좋다.

🌿 다류에 따른 물의 경도

연수 (0~17.1mg/l) 녹차, 백차, 보이차	연수는 물에 성분들이 침투할 수 있는 부분이 높아 수색은 맑고 연하시만, 사의 고유한 향미 성분을 풍부하게 끌어낼 수 있어 녹차, 백차, 보이차에 적합하다. 향미가 너무 강하게 우러나와 쓴맛이 강하다면 찻잎의 양이나 시간을 조절하는 것으로 쓴맛을 줄이는 것이 가능하다.
약경수 (17.1~60mg/l) 청차, 황차, 흑차	약경수는 연수보다 수색이 진해지고, 향이 부드럽고 진하게 우러나와 청차, 황차, 흑차에 적합하다.

중경수 (60~120mg/l)	중경수는 향미 성분들이 침투할 수 있는 부분이 낮기에 향미는 약하게 표현되고 수색은 진하게 우러나온다. 따라서 향미가 강한 차에 적합하다.
홍차	

우리나라의 물은 경도 20~80mg/l 미만으로 수색은 연하지만 향미는 강하게 표현되며, 중국과 마찬가지로 어떤 다류든 대체로 어울린다.

반면에 영국의 물은 중경수로 수색은 진하게 우러나지만, 향미는 부드럽고 연한데 영국에서 녹차보다 홍차를 선호하는 이유이기도 하다. 유럽에서 홍차를 '블랙티'라고 하는 것도 중국에서 홍차를 우릴 땐 이름 그대로 홍색을 띠지만, 경도가 높은 물을 사용하는 영국에서는 홍차를 우렸을 때 검은색에 가까운 홍색을 띠기 때문이다. 여기에는 레드티가 이미 루이보스티를 부르던 명칭인 것도 있다.

같은 차를 우려도 물에 따라 색과 향이 다르다.

위 사진은 경수와 연수로 홍차를 우릴 때 수색과 향미를 비교하기 위한 실험으로 왼쪽은 경수(에비앙), 오른쪽은 연수(삼다수)로 진행하였으며, 경수로 우린 홍차가 검은색에 가까운 색을 띠는 것을 볼 수 있다.

Ⅲ

티 테이스팅

1. 티 테이스팅의 목적

🌿 다원

① 차의 결점확인
② 차의 등급결정

🌱 소비목적

① 도·소매 상인의 테이스팅
② 최종소비자의 테이스팅

티 테이스팅의 목적은 크게 두 가지로 이야기할 수 있다.

다원에서는 차의 결점을 확인하고 차에 맞는 등급을 결정하기 위해, 소비목적으로는 도·소매 상인과 최종소비자가 자신의 차를 선택하기 위해 티 테이스팅을 진행한다.

티 테이스팅을 할 때는 3g의 찻잎을 3분 동안 우리는 '골든룰'의 일부를 적용하지만, 물의 양은 적게 하여 차의 특징을 빠르고 강하게 확인한다. 사용하는 다기는 개완[29]을 사용하기 쉽게 변형한 티 테이스팅 컵과 뚜껑, 티

---

29) 뚜껑이 있고 볼처럼 생긴 그릇으로 차를 우리거나 마실 수 있는 다구에 해당한다.

테이스팅볼로 구성되어 있다. 차의 특징을 빠르게 확인하고 난 이후에는 차의 컨디션에 따라 레시피를 조정하여 각자의 차에 적합하게 차를 우릴 수 있다.

티 테이스팅할 때에는 블라인드로 하는 경우가 많은데, 이는 차가 무엇인지 알고 테이스팅을 진행하면 이미 알고 있는 지식이 지금의 차의 특징을 확인하는 데 방해가 되기 때문에 최대한 정보를 배제하기 위함이다. 따라서 티 테이스팅을 할 때는 시간을 충분히 가지고 차의 상태를 스스로 확인하는 것이 좋다.

2. 티 테이스팅 방법

티 테이스팅은 차의 상태, 수색, 산화 혹은 발효의 정도, 향미 등을 전반적으로 체크하여 객관적으로 차를 평가하는 것으로 이 과정을 통해 차 우리는 정도와 음용 방법, 레시피 등에 반영한다. 티 테이스팅의 순서는 아래와 같다.

① 티 테이스팅을 위한 컵 세트와 티볼(Tea Ball), 필요한 온도의 온수, 타이머를 준비한다.
② 마른 찻잎의 외관(형태, 길이, 색)과 향을 확인한다.
③ 티 테이스팅 컵에 물을 부어 찻잎을 우려낸다.
④ 우려낸 차를 티볼에 옮기고 수색과 향을 확인한다.
⑤ 티 테이스팅 스푼을 이용하여 차의 향미를 확인한다.

⑥ 우려진 잎의 향을 먼저 확인하고 우려진 찻잎의 외관을 확인한다.

⑦ 전체적으로 향미를 한 번 더 체크하며 차의 상태를 정리한다.

3. Sensory Evaluation Chart 작성 방법

🌿 Sensory Evaluation Chart 예시

Sensory Evaluation Chart			
Date:		Steeping	
Name:		Leaf Amount:	g
Country of Origin:		Water Temp:	℃
Type / Grade:		Brew Time:	min
Characteristics	Dry Leaf	Infused Leaf	Liquor
Appearance			
Aroma			

Date: 테이스팅 날짜 기록

Name: 테이스팅 차의 이름 기록

Country of Origin: 테이스팅 차의 국가와 산지 기록

Type / Grade: 테이스팅 차의 다류와 등급 기록

Leaf Amount: 테이스팅 할 찻잎의 양

Water Temp: 물의 온도

Brew Time: 테이스팅할 차의 우리는 시간

Dry Leaf Appearance: 우리기 전 건조된 찻잎(건엽)의 외형

Dry Leaf Aroma: 건엽의 향

Infused Leaf Appearance: 우려진 찻잎(엽저)의 외형

Infused Leaf Aroma: 엽저의 향

Liquor Appearance: 찻물의 외형(수색)

Liquor Aroma: 차의 향미

Sensory Chart는 티 테이스팅의 결과를 작성하는 기록지이다. 이를 이용하여 건엽과 엽저 등의 상태를 확인하는 이유는 직접 차의 상태를 확인하고 향미의 특징을 결정지을 수 있게 하기 위함으로 찻잎의 외관과 향을 확인하여 다류와 차의 이름, 등급과 상태를 파악할 수 있고 수색과 향미를 확인하여 차의 특징을 체크하기 위함이다.

이론을 바탕으로 차의 특징 확인 및 차의 종류, 다류에 따른 잎의 외관 차이 등을 배우고, 티 테이스팅을 통해 차의 수색, 향미를 확인하면서 차의 특징을 정립하여 차의 이해도와 습득력을 높이는 것이 목적이다.

Sensory Chart를 작성하는 과정을 통해 우려진 차의 수색을 확인하며 다

류를 특정하고 차의 향미를 체크하면서 엽저의 외관과 향 등 각각의 특징을 기록하여 차의 특징을 기억할 수 있도록 한다. 경험이 쌓이면 접해보지 않은 차도 다류와 산지를 특정할 수 있고, 차를 깊이 있게 느낄 수 있다.

IV
차의 분류와 제조

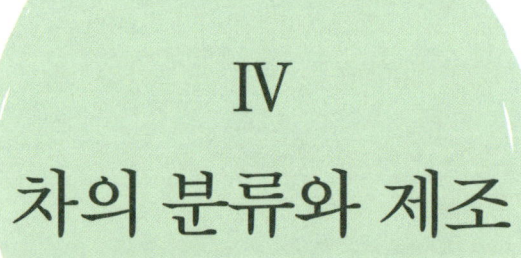

1. 차의 제조 방법

🌿 채엽

찻잎을 따는 것

일아이엽[30]의 새싹이 많이 포함될수록 높은 등급
이다.

🌿 위조

찻잎의 수분을 날리기 위해 시들리기 하는 것. 특
유의 향이 형성되기 시작한다.

(이때 수분함유량이 60~70% 줄어들며 채엽만으로도 시들리

는 시간이 형성되기 때문에 생략하기도 한다)

🌿 살청

초청[31]과 증청[32]으로 나뉘며 찻잎이 산화되지 않도록 산화효소를 열처리하는 것

🌿 유념

찻잎의 모양과 향을 잡기 위하여 비비는 것(녹차 등)
찻잎을 산화시키기 위하여 찻잎 속에 포함된 산화효소가 폴리페놀 성분과 잘 섞이도록 찻잎을 비벼 세포막을 파괴하는 것 (홍차 등)

🌿 산화

홍차 특유의 향미와 색상을 내는 과정
(산화가 잘 일어나도록 몇 시간에 걸쳐 펼쳐둔다)

---

30) 하나의 싹과 두 개의 잎
31) 찻잎에 남은 수분으로 타지 않을 정도로 볶는 것(덖음). 주로 중국과 우리나라가 사용하는 방법이다.
32) 찻잎을 찌는 것. 주로 일본에서 사용하는 방법이다.

🌿 민황

찻잎의 발효를 위하여 수분과 함께 공기 중에 노출하는 것

🌿 요청

찻잎의 산화도를 조절하기 위하여 유념이 아니라 찻잎끼리 부딪혀 서서히 산화시키는 것

🌿 건조

마지막으로 찻잎에 열을 가해 산화작용과 변화를 중단시키고 안정시키는 것

1) 녹차 제조 방법

(1) 과정

채엽 → 위조 → 살청 → 유념 → 건조

(2) 특징
일아이엽을 기준으로 채엽한다.

(3) 종류
청명 전에 채엽하면 명전차, 곡우 전후로 채엽하면 우전(雨煎)차, 곡우 이후에 채엽하면 작설(雀舌)차라고 한다. 작설차는 채엽 시기에 따라 세작, 중작, 대작으로 나뉜다.

2) 백차 제조 방법

(1) 과정
채엽 → 위조 → 건조

(2) 특징
싹이 작은 종류를 사용하여 만들었다가 싹이 큰 차나무가 개발된 이후 큰 잎으로 채엽하여 백호[33]가 떨어지지 않게 조심해서 제조한다.

(3) 종류
백호은침, 백모단, 수미 등이 있다.

---

33) 찻잎에 붙은 솜털

3) 청차 제조 방법

(1) 과정

채엽 → 위조 → 요청 → 살청 → 유념 → 건조

(2) 특징

고형차나 덖음 녹차의 제조 공정에서 찻잎의 향이 발산되는 것과 산화를 통해 향기가 더욱 극대화되고 스타일이 달라지는 것에 초점을 두고 제조한다.

(3) 종류

무이암차, 철관음, 금훤 등이 있다.

4) 홍차 제조 방법

(1) 과정

채엽 → 위조 → 유념 → 산화 → 건조 → 선별

(2) 제법 및 특징

① 오서독스(Orthodox) 제법

정통방식의 제법이다. 수작업으로 제조되던 홍차를 기계의 힘과 전문가의 기술을 빌려 보다 간편하고 효율성 있게 만드는 방식으로 최고 품질의 차를 생산할 때 사용한다.

오서독스 과정: 채엽 → 위조 → 유념 → 산화 → 건조

② 논오서독스(Non-Orthodox) 제법

노동력과 가공 시간을 최대한 줄이기 위해 개발된 방법으로 기계를 사용해 찻잎을 잘게 부수고, 찢고, 휘마는 방식이다.

세미 오서독스 과정: 채엽 → 위조 → 유념 → 로토르반 → 산화 → 건조

CTC[34] 제법: 채엽 → 위조 → 유념 → 로토르반 → CTC → 산화 → 건조

(3) 종류

랍싼소총, 기문 등이 있다.

5) 황차 제조 방법

(1) 과정

채엽 → 위조 → 민황

(2) 특징

수분이 있는 찻잎을 공기 중에 노출하는 민황 과정을 거치며 경미 발효를 일으켜 제조한다.

(3) 종류

군산은침, 몽정황아, 북항모첨 등이 있다.

---

34) Crush, Tear, Curl의 약자로 회전수가 다른 두 개의 롤러를 이용하여 로토르반(찻잎을 작은 입자로 만드는 장비)을 통과시켜 찻잎을 찢고 둥글게 말아 제조하는 방식

6) 흑차 제조 방법

(1) 과정
채엽 → 위조 → 살청 → 유념 → 악퇴발효[35] → 숙성 → 건조

(2) 특징
녹차를 원료(모차)로 재가공하여 국균이나 곰팡이균을 접종해 미생물을 발효시켜 유념·건조하여 제조한다.

(3) 종류
보이차 등이 있다.

---

35) 찻잎을 쌓아 적절한 온도와 습도를 유지하여 발효하는 것

차트 기록 실습

Sensory Evaluation Chart			
Date:		Steeping	
Name:		Leaf Amount:	g
Country of Origin:		Water Temp:	℃
Type / Grade:		Brew Time:	min
Characteristics	Dry Leaf	Infused Leaf	Liquor
Appearance			
Aroma			

Sensory Evaluation Chart			
Date:		Steeping	
Name:		Leaf Amount:	g
Country of Origin:		Water Temp:	℃
Type / Grade:		Brew Time:	min
Characteristics	Dry Leaf	Infused Leaf	Liquor
Appearance			
Aroma			

🍃 차트 기록 실습

Sensory Evaluation Chart			
Date:		Steeping	
Name:		Leaf Amount:	g
Country of Origin:		Water Temp:	℃
Type / Grade:		Brew Time:	min
Characteristics	Dry Leaf	Infused Leaf	Liquor
Appearance			
Aroma			

Sensory Evaluation Chart			
Date:		Steeping	
Name:		Leaf Amount:	g
Country of Origin:		Water Temp:	℃
Type / Grade:		Brew Time:	min
Characteristics	Dry Leaf	Infused Leaf	Liquor
Appearance			
Aroma			

🌱 차트 기록 실습

Sensory Evaluation Chart			
Date:		Steeping	
Name:		Leaf Amount:	g
Country of Origin:		Water Temp:	℃
Type / Grade:		Brew Time:	min
Characteristics	Dry Leaf	Infused Leaf	Liquor
Appearance			
Aroma			

Sensory Evaluation Chart			
Date:		Steeping	
Name:		Leaf Amount:	g
Country of Origin:		Water Temp:	℃
Type / Grade:		Brew Time:	min
Characteristics	Dry Leaf	Infused Leaf	Liquor
Appearance			
Aroma			

2. 산화/발효에 따른 분류

🌿 산화와 발효의 정의

차의 산화란, 찻잎의 카테킨 등 폴리페놀류 성분이 찻잎에 존재하는 산화효소 작용(폴리페놀옥시다아제)으로 황색을 띠는 테아플라빈과 홍색을 띠는 테아루비긴 등을 형성하면서 홍차 특유의 수색과 향미를 형성하는 과정을 말한다.

찻잎의 산화는 가공 방법, 산화 기간 등 그 정도에 따라 다양하게 구분되는데 찻잎에 열을 가하여 산화효소를 억제시켜 비산화한 녹차, 시들리기로 자연산화시킨 백차, 찻잎끼리의 부딪힘으로 상처를 내 20~80%로 산화도를 조절하는 청차, 찻잎을 80% 이상 완전산화시킨 홍차가 있다.

1) 완전산화차, 홍차

산화도에 따라 초록빛을 띠는 것부터 연갈색, 검갈색, 검은색에 가까운 색까지 다양한 차가 있다. 고급 차의 경우 솜털과 골든팁[36]이 존재하며 산화를 통해 꽃과 과일 특유의 홍차 향미도 느낄 수 있다.

2) 부분산화차, 청차

녹색부터 갈색, 검갈색 등 산화도에 따라 다양한 색과 특징이 달라진다. 청차는 완전산화시키지 않고, 산화도를 20~80% 정도로 조절한다. 산화도가 낮을수록 녹색을 띠는데, 이것을 녹차에 가까운 수색과 향미로 '청향계 청차'라 부른다. 반대로 산화도가 높을수록 검갈색에 가까운 색을 띠며 홍차에 가까운 수색과 향미로 '농향계 청차'라 부른다.

3) 비산화차, 녹차

제조과정에서 찻잎이 산화되지 않도록 찌거나 덖어 찻잎에 열을 가하여 산화시키지 않은 차로 녹색을 띠며 잘 비벼 말아서 모양을 만들고 건조한다. 찻잎을 수확하면서 위조 과정을 거치지 않아도 자연산화는 일어날 수 있다.

4) 발효차

찻잎의 산화효소를 파괴하고 퇴적하여 미생물의 번식을 유도해 발효시킨 차로 경미발효한 황차와 후발효한 흑차로 나뉜다.

---

36) 산화되면서 솜털이 금색을 띠는 것

산화(oxidation)와 발효의 차이

발효는 술이나 된장, 치즈 등을 만들 때 효모나 세균 등의 미생물이 유기화합물을 분해하는 과정이지만, 차의 산화의 경우 미생물이 분해작용을 하는 것이 아니라 찻잎의 산화효소가 산소와 반응하여 화학작용이 일어나는 것이므로 산화와 발효는 다른 표현이다.

V

티의 산지

1. 녹차 산지

🌿 중국

양쯔강을 중심으로 강북차구, 강남차구, 서남차구, 화남차구로 나뉜다. 차의 재배는 주로 남동부의 푸젠성, 저장성, 윈난성, 쓰촨성, 후난성, 후베이성, 안후이성에 집중되며 푸젠성은 고대 해상 실크로드 기점으로 티로드의 해상 요충지로 역할을 하였다. 푸젠의 샤먼 지역에서 차를 부르는 방언인 'Te'가 오늘날 'Tea'가 되었다. 주로 해발 500~1,200m 지대에서 재배하며 윈난성에서는 해발 2,000m의 고산지대에서 재배하기도 한다.

중국에서의 차 명칭은 와인의 원산지명 제도처럼 이름에 재배산지 이름을 붙이며, 차의 모양이나 특징을 함께 붙이는 것이 일반적이다. 중국은 명대부터 이어온 초청 녹차 제조법(덖음)으로 거의 모든 지역에서 차를 생산하

중국 대륙의 지역과 자치구

고, 대부분 소규모 가족 단위로 생산하여 원재료를 구하러 오는 도매상에게 판매한다.

중국 전통 방식에서는 첫 초청 과정부터 찻잎의 모양새를 잡고 유념기에 찻잎을 넣어 모양을 내는데, 초청 기술의 발달로 다양한 모양을 내고 이것은 차의 향미를 결정하거나 지역과 차를 대표하는 특징으로 자리잡게 되었다.

차 재배의 시작은 쓰촨성이었으나, 야생 차나무를 그대로 기르는 수준이었기에 역사성에 의미를 두고 있으며, 쓰촨에서 운남으로 내려와 운남 위쪽부터 강을 타고 점점 동쪽으로 가면서 본격적인 차 재배가 이루어지게 되고 지금은 푸젠이 가장 대중적으로 차를 생산하고 있다.

운남은 처음에 중국 본토 땅이 아닌 소수 민족 땅으로 변두리 차 취급을 받았으나 운남의 지배자들에 따라 차의 스타일이 잡히고, 이후 보이차 스타일이 형성되며 황제에게 진상하게 되었고 이를 시작으로 운남의 보이차가 알려지게 되면서 인기를 얻게 되어 주요 차 생산지로 인정받게 된다.

1) 중국의 10대 명차(녹차)

(1) 서호용정

● **재배지역**: 저장성(절강성)

중국 녹차의 대명사로 육우의 『다경』에도 기록된 유서 깊은 차이다. 찻잎이 납작한 형태로 '붓다의 눈꺼풀'이라는 별칭을 갖고 있으며, 사절(선명한 초록색, 부드러운 향, 싱그러운 단맛, 아름다운 모양)을 띠는 것이 특징이다.

서호용정 이름의 유래는 서호[37]라는 동네의 용정[38]이라는 뜻으로 붙여졌다.

(2) 황산모봉

● **재배지역**: 안후이성(안휘성)

청나라 시대의 대표적인 명차로 초봄에 나오는 첫 새싹(어엽)으로 차를 생산한다. 어엽은 찻잎의 색이 연한 초록빛을 띠고 향미가 강하지 않기 때문에 홍청[39]으로 건조하는데 어엽을 고온으로 덖으면 빛이 샛노랗게 변하여 어엽황금 또는 황금편이라 부른다.

해발고도 300~800m에 있는 차나무 공장이 구름과 안개에 가려졌다 하여 '운무'라 표현하며 산봉우리의 삐죽삐죽한 모양으로 '모봉'이라 부른다.

---

37) 황저우의 작은 동네 이름이다.
38) 룽징, 용의 눈물이라는 뜻과 용정스타일의 차라는 2가지 의미가 있다.
39) 홍배라고도 한다. 찻잎을 유념 후에 대바구니 속에 숯불로 구워내듯이 건조하는 과정. 은은한 훈연향이 난다.

(3) 동정 벽라춘

• **재배지역**: 장쑤성(장수성)

과일 산지로 유명한 장쑤성에서 차나무와 과일나무를 교대로 재배하여 찻잎에서도 과일향이 가득한 것이 특징이다. 이 특징대로 이름을 붙여 '혁살인향차[40]'라 불렀으나 18세기 청나라의 황제 강희제가 아름다운 차의 향에 걸맞지 않은 이름이라 하여 소라 모양의 벽색을 띤 차라 하여 '벽라춘'으로 고쳐 불렀다.

(4) 태평후괴

• **재배지역**: 안후이성(안휘성)

'시대엽종'이라고 불리는 대엽종 품종으로 제조하여 길쭉한 모양이 특징이며, 고품질의 찻잎에는 홍사선이라는 붉은 선이 있는데 잎이 크기에 긴 유리잔에 넣고 물을 부으면 선명한 초록빛의 큰 찻잎이 싹을 중심에 두고 꽃처럼 아름답게 펼쳐지는 것이 특징이다.

태평후괴의 뜻은 '태평 지역의 후괴(원숭이 우두머리)'라는 뜻으로 사람이 채엽하기 위험한 지역에서 자라 원숭이 우두머리를 훈련 시켜 채엽하게 했다는 것에서 이름을 붙였다고 하며, '후갱'이라는 지명에서 후괴라는 이름을 따왔다고도 한다. 또한 후괴 자체에 으뜸이라는 뜻이 있어 녹차 중에 으뜸이라는 의미에서 태평후괴라고 부른다.

---

40) 찻잎을 바구니에 담고도 공간이 모자라 옷 주머니 이곳저곳에 담고 돌아오니 살과 땀에 찻잎의 향이 강하게 배어 사람을 죽일 만한 향이라는 뜻이다.

(5) 신양모첨

• **재배지역**: 허난성(하남성)

허난성의 신양현은 늦게 딴 찻잎(노엽)으로 만드는 명차의 유명 산지로 신양모첨은 청나라 시대에도 전국적 명차 중 하나로 알려졌다. 모양은 가늘고 곡우 전후에 일아일엽 혹은 일아이엽으로 채엽하는 것이 특징이며 백호에 둘러싸인 새싹으로 만든다.

(6) 육안과편

• **재배지역**: 안후이성(안휘성)

단엽 형태의 차로 찻잎을 살짝 꼬아 안쪽으로 둥글게 말은 편평형 모양이다. 중앙의 잎맥을 잘라내어 찻잎을 솥에 덖어 펼쳐놓고 직접 손으로 모양을 빚는 것이 특징이며, 해바라기 씨 모양과 비슷하다고 하여 '과편'이라 부른다. 미지근한 물로 우려도 맛이 뛰어나다.

(7) 도균모첨

• **재배지역**: 구이저우성(귀주성)

귀주 3대 명차 중 하나로 하얀 솜털의 꼬부라진 모양이 특징이다. 1956년 마오쩌뚱이 이 솜털을 보고 친히 명명한 백모첨, 찻잎의 끝이 날렵하고 낚싯바늘과 같다 하여 세모첨, 참새 혀와 닮았다 하여 작설차라고도 불린다.

2) 중국 10대 명차 외 주요 명차

(1) 안길백차
- **재배지역**: 저장성(절강성)

아미노산의 단맛이 높고, 잎이 뾰족하며, 일아이엽으로 가늘고 길쭉한 모양으로 말린 형태를 띤다. 백엽종으로 만들어 백차라 부르며 찻잎이 하얀빛을 띠고, 잎의 양이 적어 귀하다. 우릴 때 유리잔을 통해 보이는 찻잎의 모양새가 수려하고, 봉황의 날개와 같은 모양을 하며 색은 구슬과 같다고 표현한다.

(2) 주차(Gun Powder)
- **재배지역**: 저장성(절강성)

유럽에 수출을 많이 하는 차로 찻잎의 형태가 분말 형태의 화약 모양으로 작은 구슬 모양을 띠어 'Gun Powder'라고 불린다. 맛은 가볍고 부드러운데 배로 이동하면서 차의 특징이 달라지는 문제가 있어 찻잎을 단단히 말아 수출하니 물리적으로 손상이 적고, 향미를 유지할 수 있게 되었다.

18세기에 영국으로 수출되기 시작하면서 19세기에는 아프리카 대륙의 모로코까지 전해졌으며 수출목적으로 현재 16등급으로 분류되어 자동화 시설을 갖춘 공장에서 생산한다. 수출용은 중국 정부 소인이 찍혀 있는 것이 특징이다.

(3) 황산모란
- **재배지역**: 안후이성(안휘성)

찰화형 녹차[41]로, 보통 공예차[42]는 품질이 좋지 않은 찻잎으로 차의 수익성을 높이기 위해 만들지만, 황산모란은 품질이 좋은 찻잎만 엄선해 중심부를 매듭으로 묶어 꽃 모양으로 만드는 것이 특징이다. 공예차의 특성상 유리 다관에서 우려내면 꽃이 피는 것처럼 보여 아름답고 특유의 모란향과 장미향이 뛰어나다.

(4) 경산차

• **재배지역**: 저장성(절강성)

저장성의 사찰인 경산사에서 유래한 차로, 송나라 시대에 일본 승려들이 이곳에 유학하면서 불교와 함께 차나무의 종자와 다기 등의 차 문화를 일본으로 가져가 전하면서 차노유의 원형이 된 것으로도 알려져 있다.

(5) 몽정감로

• **재배지역**: 쓰촨성(사천성)

오랜 역사로 가치가 높고 가장 역사가 긴 명차로 알려져 있다. 찻잎이 흰색 솜털로 둘러싸인 어린잎으로, 그윽한 단맛이 특징이다. 나무의 키가 높아 사다리를 타고 올라가서 채엽하는 것이 특징이다.

---

41) 찻잎을 묶은 모양이 마치 한 송이 꽃과 같다고 하여 붙은 이름
42) 판매가 저조한 찻잎을 꽃과 함께 동그랗게 엮어 녹차나 백차로 감싸 만든 차로 우릴 때 꽃을 중심으로 찻잎이 펼쳐지며 마치 꽃이 피는 것 같은 효과를 주어 판매량을 높이기 위해 만든 차

🌿 차트 기록 실습

Sensory Evaluation Chart			
Date:		Steeping	
Name:		Leaf Amount:	g
Country of Origin:		Water Temp:	℃
Type / Grade:		Brew Time:	min
Characteristics	Dry Leaf	Infused Leaf	Liquor
Appearance			
Aroma			

Sensory Evaluation Chart			
Date:		Steeping	
Name:		Leaf Amount:	g
Country of Origin:		Water Temp:	℃
Type / Grade:		Brew Time:	min
Characteristics	Dry Leaf	Infused Leaf	Liquor
Appearance			
Aroma			

🌿 차트 기록 실습

Sensory Evaluation Chart			
Date:		Steeping	
Name:		Leaf Amount:	g
Country of Origin:		Water Temp:	℃
Type / Grade:		Brew Time:	min
Characteristics	Dry Leaf	Infused Leaf	Liquor
Appearance			
Aroma			

Sensory Evaluation Chart			
Date:		Steeping	
Name:		Leaf Amount:	g
Country of Origin:		Water Temp:	℃
Type / Grade:		Brew Time:	min
Characteristics	Dry Leaf	Infused Leaf	Liquor
Appearance			
Aroma			

🌿 차트 기록 실습

Sensory Evaluation Chart			
Date:		Steeping	
Name:		Leaf Amount:	g
Country of Origin:		Water Temp:	℃
Type / Grade:		Brew Time:	min
Characteristics	Dry Leaf	Infused Leaf	Liquor
Appearance			
Aroma			

Sensory Evaluation Chart			
Date:		Steeping	
Name:		Leaf Amount:	g
Country of Origin:		Water Temp:	℃
Type / Grade:		Brew Time:	min
Characteristics	Dry Leaf	Infused Leaf	Liquor
Appearance			
Aroma			

🌿 일본

일본은 전체 차 생산량의 90% 이상이 녹차로, 그중 50% 이상의 양을 차지하는 시즈오카현과 남단의 가고시마현 등에서 생산한다. 최초로 중국차를 심은 교토부 우지 지역이 고급 말차 산지로 유명하다.

연평균 10~18℃, 강수량은 1,500㎜ 이상으로 사면이 바다인 섬의 해풍에서 만들어 내는 특유의 향미(해조류)가 특징이다. 이는 증기로 찌는 증청 방식과 녹차 특유의 감칠맛(우마미)을 형성하여 일본 녹차만의 특징으로 사랑받고 있다.

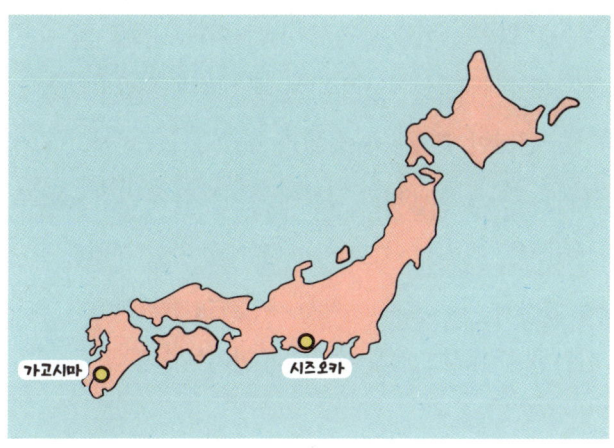

일본 대륙의 지역

1) 일본 아라차 생산과정

일본은 정제녹차를 생산하여 채엽시기와 가공방식, 차나무의 부위에 따라 분류가 이루어지는데 이 분류 전의 상태를 '아라차'라 한다. 아라차는 재차 건조하여 찻잎 본연의 상태를 유지하며 보관하는데 이는 찻잎의 수분이 남으면 변질의 위험이 있어 찻잎의 수분을 건조하여 더이상 변질되지 않게 하기 위함이다.

일본은 차에 있어서 전통적인 철학에 따라 차나무의 모든 부위를 존중하여 아라차를 생산한 뒤 분류와 재가공을 한다.

2) 일광재배

(1) 센차(standard, 전차)
'우려낸 차'라는 뜻으로 단단히 비틀린 바늘 모양의 일광 재배한 차 중에 가장 기본적이고 많이 마시는 보편적인 녹차이다.

16세기 말, 중국에서 산차 양식의 차 제조법이 유입되었으나 차의 거친 특성이 많이 표현되어 말차(맛차)에 밀려 보급되지 못하다가 17세기에 중국의 승려 은원이 제자들을 데리고 일본에 들어오면서 뜨거운 물로 찻잎을 우리는 방식이 유입되었고 1738년 우지 지역에서 차를 재배하던 나가타니 쇼엔이 찻잎을 증기에 찌는 증제 방식을 개발하여 유념하고 건조하니 찻잎의 신선하고 산뜻한 향이 부드럽게 표현되어 인기를 얻었다.

(2) 신차
연중 1회 초봄에만 수확하는 그 해 첫 수확을 기념할 때 판매되는 차이다.

(3) 반차
센차 제조 중 생긴 거친 찻잎이나 6월 이후에 수확한 찻잎으로 제조하여 잎이 큰 것이 특징이다. 센차보다 향은 약하고 떫은맛은 강하지만 감칠맛이 좋아 음식과 함께 곁들여 마시는 대중적인 차이다.

(4) 타마료쿠차

회전 건조기에서 건조하여 찻잎이 쉼표 모양의 권곡형으로 비틀린 녹차이다. 동그랗게 말린 차란 뜻에서 구리[43]차라고 불리기도 한다.

(5) 호지차(볶은 녹차)

약 200℃의 고열로 볶아서 재가공한 녹차이다. 1920년 한 상인이 오래된 재고 녹차를 처리하기 위해 고민하다가 재고 녹차를 볶아서 판 것이 시작으로 알려져 있다.

호지차 기계

예전에는 오래 묵힌 찻잎을 볶아서 만들었지만, 지금은 큰 찻잎을 채엽하여 증청해서 바로 볶아 판매한다. 볶인 줄기가 섞여 있어 갈색을 띠고, 볶으면서 카페인이 소실되기 때문에 카페인 함량이 적고 구수한 향미가 특징이다.

(6) 쿠키차

줄기차란 뜻으로 센차의 부산물로 생긴 줄기와 가지를 모아 제조한 차이

---

43) 일본 전통 공예나 건축물에서 볼 수 있는 동그랗게 말린 문양

다. 줄기를 모아 텁텁할 것 같지만, 예상외로 산뜻한 향미가 특징이다.

(7) 겐마이차

고열에서 튀긴 현미나 쌀과 함께 섞어 고압에서 초청 처리하여 만든 재가
공차로 곡물과 섞어 구수한 향미가 특징이다.

2차 세계대전 때 차의 공급량이 줄어 차의 양을 맞추기 위해 현미를 섞기
시작한 것이 이어져 왔으며, 아이나 어르신들이 즐기기에도 향미나 성분 등
에 있어 부담이 없는 것이 특징이다.

3) 차광재배

차광재배는 찻잎을 수확하기 전에 일정 기간 빛을 차단하여 기르는 재배
법이다.

(1) 맛차(Matcha, 말차)

수확하기 20일 전 차광재배하여 생산하는 덴차[44]를 갈아 만든 차이다.

빛을 차단하여 재배하고 채엽 후 증청하여 평지에 찻잎을 펼쳐놓고 건조
하기 때문에 차의 엽록소가 많이 올라와 선명한 녹색을 띠고 뚜렷한 향미가
특징으로 음료나 여러 식품에 많이 쓰인다.

전통적으로는 차를 마시기 직전 덴차를 맷돌로 갈아 마셨고 차노유를 통
해 전통 방식을 계승하여 현재 차노유에 코이차(농차), 우스차(박차)의 형태로
제공되고 있다.

---

44) 차광재배 후에 유념을 거치지 않고 맷돌에 갈기 위해(연차) 건조 시킨 차

말차는 맷돌 1대당 약 1시간에 40g의 말차가 생산되어 생산량이 매우 적고 고운 가루의 형태이기 때문에 유통기한이 매우 짧아 냉동보관이 필수적이며 최소 냉장으로 보관하여 품질 관리를 해야 한다.

테아닌 함량에 따라 차의 등급이 달라지는데 가루의 형태로 온전히 섭취할 수 있어 지용성 비타민 A, 섬유질과 같은 불용성 성분까지도 섭취가 가능하다.

(2) 교쿠로(옥로)

옥같이 아름다운 이슬이란 뜻으로 차광재배 중 최고 등급의 차이다. 연중 1회 이른 봄에 수확하며 뚜렷한 녹색을 띠면서 떫은맛은 적고 감칠맛이 높은 것이 특징이다.

차나무의 첫 새싹이 돋아 2㎝ 정도 됐을 때, 차광막을 설치하여 약 10일 동안 햇빛의 90% 이상을 차단하고 이후에 또 차광막을 설치하여 약 11일 동안 빛을 차단하며 고급 품종은 3주 정도 차광한다. 채엽할 때 줄기를 분

차광재배하는 모습

리·제거하여 수확하고 최고급 품질은 맨손으로 수확한다.

(3) 가부세차

센차와 교쿠로의 중간등급으로 반투명한 천으로 12일 정도 차광하며 연중 1회 봄에 수확한다.

(4) 카리가네

차광 상태에서 교쿠로 생산 중 분리·제거된 줄기만 모아 놓은 차로 쿠키차보다 부드럽고 섬세한 향미가 특징이다.

🌿 차트 기록 실습

Sensory Evaluation Chart			
Date:		Steeping	
Name:		Leaf Amount:	g
Country of Origin:		Water Temp:	℃
Type / Grade:		Brew Time:	min
Characteristics	Dry Leaf	Infused Leaf	Liquor
Appearance			
Aroma			

Sensory Evaluation Chart			
Date:		Steeping	
Name:		Leaf Amount:	g
Country of Origin:		Water Temp:	℃
Type / Grade:		Brew Time:	min
Characteristics	Dry Leaf	Infused Leaf	Liquor
Appearance			
Aroma			

🌿 차트 기록 실습

Sensory Evaluation Chart			
Date:		Steeping	
Name:		Leaf Amount:	g
Country of Origin:		Water Temp:	℃
Type / Grade:		Brew Time:	min
Characteristics	Dry Leaf	Infused Leaf	Liquor
Appearance			
Aroma			

Sensory Evaluation Chart			
Date:		Steeping	
Name:		Leaf Amount:	g
Country of Origin:		Water Temp:	℃
Type / Grade:		Brew Time:	min
Characteristics	Dry Leaf	Infused Leaf	Liquor
Appearance			
Aroma			

🌿 차트 기록 실습

Sensory Evaluation Chart			
Date:		Steeping	
Name:		Leaf Amount:	g
Country of Origin:		Water Temp:	℃
Type / Grade:		Brew Time:	min
Characteristics	Dry Leaf	Infused Leaf	Liquor
Appearance			
Aroma			

Sensory Evaluation Chart			
Date:		Steeping	
Name:		Leaf Amount:	g
Country of Origin:		Water Temp:	℃
Type / Grade:		Brew Time:	min
Characteristics	Dry Leaf	Infused Leaf	Liquor
Appearance			
Aroma			

🌿 우리나라

여러 기록이 전해지고 있지만, 828년(시배년) 신라 시대에 중국 종이 유입되어 경남 하동의 지리산 일대[45]에 차 씨앗을 심고 재배하기 시작한 것을 정설로 보고 있으며 화개면 정금리에는 우리나라에서 가장 오래된 차나무가 있다.

우리나라는 해양성기후와 내륙성기후가 교차하여 녹차 재배에 적합하며 특히 따뜻한 남부 지역의 경상도, 전라도, 제주도, 강원도 일부(고성) 등에서 재배한다.

우리나라의 차 문화는 고려 시대에 불교문화와 함께 크게 발달하였는데, 고려 초기에는 차 문화가 주로 지배층의 문화였으나 후기로 넘어가면서 일반 서민들도 다점에서 차를 즐기고 조상에게 제를 지낼 때도 차례라 하여 차로 예를 다하는 등 차 문화가 중요한 부분으로 자리매김하였다. 그렇지만

채엽하는 모습   일아이엽 찻잎   유념하는 모습

---

45) 지리산 하동군 화개면 운수리 쌍계사 주변

화려한 불교문화와 더불어 사치와 많은 횡포가 심해지고 조선 시대로 넘어가면서 숭유억불정책으로 불교문화를 억압하는 것이 더해져 자연스럽게 차 문화도 가라앉고 명맥만 유지하게 되었다.

이후 조선 후기 실학자들에 의해 차 문화를 육성하려는 노력이 있었지만, 일제강점기로 명맥이 사실상 끊기게 되었고 현재에 와서는 차 재배지역 등지에서 다시 우리나라 차문화의 명맥을 이어가기 위해 매년 지역축제 등을 통해 차의 우수성을 알리고 있다.

차트 기록 실습

Sensory Evaluation Chart			
Date:		Steeping	
Name:		Leaf Amount:	g
Country of Origin:		Water Temp:	℃
Type / Grade:		Brew Time:	min
Characteristics	Dry Leaf	Infused Leaf	Liquor
Appearance			
Aroma			

Sensory Evaluation Chart			
Date:		Steeping	
Name:		Leaf Amount:	g
Country of Origin:		Water Temp:	℃
Type / Grade:		Brew Time:	min
Characteristics	Dry Leaf	Infused Leaf	Liquor
Appearance			
Aroma			

차트 기록 실습

Sensory Evaluation Chart			
Date:		Steeping	
Name:		Leaf Amount:	g
Country of Origin:		Water Temp:	℃
Type / Grade:		Brew Time:	min
Characteristics	Dry Leaf	Infused Leaf	Liquor
Appearance			
Aroma			

Sensory Evaluation Chart			
Date:		Steeping	
Name:		Leaf Amount:	g
Country of Origin:		Water Temp:	℃
Type / Grade:		Brew Time:	min
Characteristics	Dry Leaf	Infused Leaf	Liquor
Appearance			
Aroma			

🌿 차트 기록 실습

Sensory Evaluation Chart			
Date:		Steeping	
Name:		Leaf Amount:	g
Country of Origin:		Water Temp:	℃
Type / Grade:		Brew Time:	min
Characteristics	Dry Leaf	Infused Leaf	Liquor
Appearance			
Aroma			

Sensory Evaluation Chart			
Date:		Steeping	
Name:		Leaf Amount:	g
Country of Origin:		Water Temp:	℃
Type / Grade:		Brew Time:	min
Characteristics	Dry Leaf	Infused Leaf	Liquor
Appearance			
Aroma			

2-1. 홍차 산지

🌿 중국

1) 종류

(1) 기문홍차

• **재배지역:** 안후이성 치먼현(안휘성 기문현)

세계 3대 홍차 중 하나인 기문홍차는 잎이 작고 얇게 말린 것이 특징이며, 난향과 훈연향이 특징이다.

많은 공정을 전문적으로 거쳐 완성되기 때문에 '공부홍차[46]'라고 불리며

---

46) 차를 전문적으로 제조하는 사람이 많은 공정을 정확하게, 전문적으로 진행하여 전통 방식으로 만든 홍차

연 4~5회 수확하고 생산량은 약 500톤이다. 이 중 특급품에 해당하는 것은 4~5월 사이에 생산되는 것으로 생산량의 약 10%에 달하며 잎이 더 작고 바늘처럼 얇으며 검은빛에 가까운 것이 특징이다.

연 강수량이 2,300mm로 4~8월에 보통 70% 이상 생산이 집중되고 겨울에는 대부분 건조한 편이다.

(2) 정산소종

● **재배지역**: 푸젠성(복건성)

최초로 개발된 홍차로 정산(우이산)이라고 부르는 지역에 소종(적은 양의 찻잎)으로 만든 홍차를 의미한다. 정산소종은 녹차를 만들다 우연한 계기로 녹차의 변한 상태를 감추기 위해 소나무를 태워 훈연하여(송연향) 판매하였는데, 이를 유럽인들이 일반적인 녹차보다 향이 뚜렷하고 과일과 송연향에서 우러나는 향미에 매료되어 지속적으로 홍차를 거래하게 되었고, 이것이 '랍싼소총[47]'의 시초가 되었다. 랍싼소총은 유럽인들 사이에서 녹차보다 더 인기가 있었는데 주로 경수를 사용하는 유럽에서 녹차는 잘 우러나지 않지만, 홍차는 경수에서도 잘 우러나왔기 때문이다.

송연향이 너무 강해 향을 다시 제거하는 공정을 하여 무연향으로도 판매가 이루어지는데 오히려 유럽인들이 송연향을 더 좋아하여 유럽에 판매되는 정산소종의 송연향이 더 강한 편이다.

채엽 시기는 5월 중순에 1번, 6월 하순~7월 사이에 1번이며 하루에

---

47) 정산소종의 영어식 발음이 아니고 유럽에서 정산소종을 판매할 때 정확한 발음이 기억나지 않아 생각나는 발음으로 이름을 붙였다고 알려져 있다.

6~10kg 정도 채엽한다. 채엽 후 판자 위에 찻잎을 펼쳐 두고 밑에서 소나무를 태우는 연기와 열풍으로 찻잎을 건조하여 유념한 후 산화시켜 다시 소나무를 태워 마지막으로 건조한다.

(3) 운남홍차

• **재배지역**: 윈난성(운남성)

윈난성은 중국 남서부에 위치하며 메콩강을 중심으로 서부는 미얀마, 남부는 라오스와 베트남과 근접해 있다. 운남의 옛 이름은 '전'으로 윈난성에서 생산되는 홍차를 전홍이라고도 부른다. 운남홍차는 잎이 큰 편으로 대엽종의 어린 잎을 1~3엽까지 채엽하고 특급품에 해당하는 차는 봄에 채엽하며 황금색 솜털로 덮여있다.

채엽 시기는 3~11월 사이이며 3~4월에는 봄차, 5~7월에는 여름차, 8~9월에는 우기차, 10~11월에는 가을차가 생산된다.

🌿 차트 기록 실습

Sensory Evaluation Chart			
Date:		Steeping	
Name:		Leaf Amount:	g
Country of Origin:		Water Temp:	℃
Type / Grade:		Brew Time:	min
Characteristics	Dry Leaf	Infused Leaf	Liquor
Appearance			
Aroma			

Sensory Evaluation Chart			
Date:		Steeping	
Name:		Leaf Amount:	g
Country of Origin:		Water Temp:	℃
Type / Grade:		Brew Time:	min
Characteristics	Dry Leaf	Infused Leaf	Liquor
Appearance			
Aroma			

차트 기록 실습

Sensory Evaluation Chart			
Date:		Steeping	
Name:		Leaf Amount:	g
Country of Origin:		Water Temp:	℃
Type / Grade:		Brew Time:	min
Characteristics	Dry Leaf	Infused Leaf	Liquor
Appearance			
Aroma			

Sensory Evaluation Chart			
Date:		Steeping	
Name:		Leaf Amount:	g
Country of Origin:		Water Temp:	℃
Type / Grade:		Brew Time:	min
Characteristics	Dry Leaf	Infused Leaf	Liquor
Appearance			
Aroma			

🌿 차트 기록 실습

Sensory Evaluation Chart			
Date:		Steeping	
Name:		Leaf Amount:	g
Country of Origin:		Water Temp:	℃
Type / Grade:		Brew Time:	min
Characteristics	Dry Leaf	Infused Leaf	Liquor
Appearance			
Aroma			

Sensory Evaluation Chart			
Date:		Steeping	
Name:		Leaf Amount:	g
Country of Origin:		Water Temp:	℃
Type / Grade:		Brew Time:	min
Characteristics	Dry Leaf	Infused Leaf	Liquor
Appearance			
Aroma			

 인도

1) 재배

18세기 말 중국의 종자를 시험 재배하였으나 기술의 부족, 중국과 많이 다른 날씨를 견디지 못하여 실패하였다. 이후 영국은 자국의 많은 차 수요를 감당하기 위해 중국에서 차를 수입하는 것이 아닌 자체적인 재배를 하고자 차 재배기술과 가공기술 확보를 위해 식물학자인 로버트 포춘을 중국에 보냈다. 그는 2번에 걸쳐 스파이 활동을 하는데, 2번째 스파이 활동 시 2년 반 동안 중국에서 머물며 2,000여 그루의 차 묘목과 씨앗, 재배기술, 정보와 생산 기술자들마저 확보하여 인도로 돌아왔고 다즐링에 다원을 설립하고 재배에 성공하였다.

2) 홍차 산업

1860년대 생산량이 수백 톤에 불과하였던 것이 1885년이 되자 약 3만 5천 톤으로, 1914년에는 약 20만 톤으로 급성장하였다.

1887년에는 영국으로 수출되는 인도 차의 품질이 중국산 차의 품질을 넘어서게 되었고 1930년대 아쌈에서 CTC제법을 개발하면서 더 많은 양을 상품으로 제조할 수 있게 되어 인도의 차 산업은 급속도로 발전하게 되었다.

3) 재배지역

(1) 다즐링

내한성이 강한 중국 종으로 인도 자생종이 있음에도 인도에 처음 중국 종을 심었던 대로 중국 종을 재배하여 생산한다. 따뜻한 중국 남쪽 지역에서 자라던 중국 종이 히말라야의 높은 고지대에 해당하는 다즐링에 심겨 처음에는 재배에 어려움이 있었지만, 재배기술의 발달 이후에는 아주 독특한 향미를 가져 '홍차의 여왕'이라는 별명을 얻었다.

고지대의 잎이 낮과 밤의 일교차에 의해 스트레스를 받아 밀도가 높아지면서 특유의 머스캣 포도의 향과 견과류, 낙엽 향이 나며 깔끔하고 크리스피(crispy)한 복합적 향미가 더해져 'Champagne of Black Tea'라고도 불린다.

다즐링은 중국의 기문 홍차와 더불어 세계 3대 홍차에 해당하며 매년 생산되는 양에 5배가 수출되는데, 이는 다즐링의 인기와 더불어 진짜 다즐링을 찾는 것도 그만큼 어렵다는 것을 알 수 있다.

다즐링의 이름은 네팔어로 '천둥이 치는 계곡'이란 뜻을 가지고 있으며 1835년 시킴왕국에서 영국으로 양도되었다. 다즐링 지역은 히말라야산맥과 닿아있는 고지대로 1년 내내 서늘한 기후를 유지한다. 겨울철의 최저 온도가 0℃ 이하로 내려가는 경우가 드물 정도로 서늘하며, 여름철에도 일교차가 10℃를 넘지 않아 차를 재배하는 데에 매우 좋은 환경이다.

이른 아침 자욱이 끼는 안개는 찻잎에 들어오는 직사광선을 막아주고 수분을 머금게 하여 찻잎이 생장하는 데 도움이 된다. 토양은 사암과 역암이 혼합되어있는 산성 토양인데, 다른 농작물은 산성 토양일 경우 영양분 흡수가 어려워 다른 작물 재배에는 부적절하지만, 차 재배에는 적합하여 차나무가 자라기에 안성맞춤인 환경이다.

수확 시기는 봄, 여름, 몬순, 가을, 겨울의 5계절이며 계절별로 3~4회 수확한다. 다즐링의 다원들은 국지성 기후와 온도, 습도, 강수량, 경사면 방향(동쪽, 서쪽)에 따라 차의 특성들이 달라지는데 이를 7권역으로 나누어 형성되었다. 또한 다즐링의 차는 테아플라빈 함량이 높아 산뜻하고 점성도가 낮으며 농축된 향미가 풍부한 것이 특징이다.

① 다즐링 퍼스트 플러쉬(Darjeeling First Flush)
수확시기는 3월 초에서 5월 초순으로 가장 처음 수확한 것을 말한다. 어린잎으로 유념하기 때문에 유념을 강하게 하지 않고 산화 과정이 짧아 홍차지만 잎이 초록빛을 함께 띠고 낮은 산화로 인한 풋풋하고 떫은 맛이 특징이다. 향은 강하고 상쾌하며 가벼운 바디와 황금색의 수색을 띤다.

② 다즐링 세컨드 플러쉬(Darjeeling Second Flush)
수확시기는 5~6월이며 퍼스트 플러쉬 보다 머스캣의 특징이 뚜렷하게 드러나고 수렴성이 강하다. 가장 찻잎을 많이 생산하는 시기로 무르익은 과일의 향미와 특히 농익은 머스캣 향이 폭발적으로 표현되며 크리미한 바디로 목넘김이 부드럽다. 수색은 붉은빛의 진한 호박색을 띤다.

③ 다즐링 몬순 플러쉬(Darjeeling Monsoon Flush)
수확시기는 7~8월이며 몬순의 영향으로 향은 다소 옅고 홍차의 떫음은 강한 편이다. 수색은 호박색(amber)을 띤다.

④ 다즐링 어텀널 플러쉬(Darjeeling Autumn Flush)
수확시기는 9~11월이며 수확 시즌이 끝나가는 시기이기 때문에 향은 단조롭고 수렴성이 강하다. 낙엽향과 무거운 과일향이 특징이고 수색

은 짙은 구리색(Copper)을 띤다.

> **예외: 인 비트윈 다즐링 티(In Between Darjeeling Tea)**
> 퍼스트 플러쉬와 세컨드 플러쉬의 중간 시기로 날씨에 따라 결정되며 보통 4월에 생산되는데 솎아내기 과정으로 더 좋은 세컨드를 생산하기 위해 진행하며 나오는 찻잎이기 때문에 플러쉬로 취급하지 않는다. 주로 내수용 마살라 차이에 사용한다.

(2) 아쌈

인도에서 가장 많이 홍차를 생산하는 지역으로 인도 홍차 생산량의 절반 이상을 생산한다. 인도 자생종이 발견된 지역으로 로버트 브루스 소령에 의해 알려졌고, 찻잎이 큰 편으로 탄닌[48]이 높아 홍차를 제조하기에 적합하다. 아쌈홍차는 진한 몰트향과 단맛이 나며 수렴성이 높고 수색은 진한 홍갈색을 띤다. 아쌈 지역은 10% 정도만 오서독스로 제조하고, 90% 이상은 CTC 제법으로 생산하여 판매되고 있으며, 5~6월에 채엽한 찻잎은 세컨드 플러쉬로 불리며 아쌈의 퀄리티시즌티에 해당한다.

북히말라야 산맥 남쪽에서 동쪽으로 북동부 저지 브라마푸트라 강 유역에 있는 아쌈은 동서로 긴 'T'자 형태이다. 히말라야를 원류로 하는 브라마푸트라강은 매우 큰 강으로 아쌈 지역의 비옥한 토지를 형성한다. 고온다습하고 연간 강수량이 2,000~3,000㎜로 다우 지대의 산지로 이루어져 있다.

---

48) 떫은맛의 주성분

(3) 닐기리

'홍차의 블루마운틴'이라 불리는 닐기리는 인도어로 푸른 산을 의미하며 해발 1,000~2,600m에 위치하여 '닐기리 힐스'라고도 불린다. 닐기리 다원은 남인도 타밀나두주와 접해있고 스리랑카와 근접해 있다. 몬순 기후의 영향을 받으며 서쪽은 1~2월, 동쪽은 8~9월에 연 2회 좋은 품질의 찻잎을 수확한다.

인도 남부지역이라 따뜻한 기온을 유지하지만, 해발고도가 높아 여름 최고 온도는 25℃, 최저 온도는 10℃에 달하며 겨울 최고 온도는 20℃, 최저 온도는 0℃ 정도로 홍차 생산에 좋은 기후이다. 한낮의 강하게 내리쬐는 햇볕을 막기 위해 다원에 세이드 트리[49]가 심겨 있으며 연 강수량은 1,920㎜ 정도이다.

---

49) 식물을 재배할 때 너무 강한 햇볕을 막고 그늘막을 형성하기 위해 심는 나무

🌿 차트 기록 실습

Sensory Evaluation Chart			
Date:		Steeping	
Name:		Leaf Amount:	g
Country of Origin:		Water Temp:	℃
Type / Grade:		Brew Time:	min
Characteristics	Dry Leaf	Infused Leaf	Liquor
Appearance			
Aroma			

Sensory Evaluation Chart			
Date:		Steeping	
Name:		Leaf Amount:	g
Country of Origin:		Water Temp:	℃
Type / Grade:		Brew Time:	min
Characteristics	Dry Leaf	Infused Leaf	Liquor
Appearance			
Aroma			

🌿 차트 기록 실습

Sensory Evaluation Chart			
Date:		Steeping	
Name:		Leaf Amount:	g
Country of Origin:		Water Temp:	℃
Type / Grade:		Brew Time:	min
Characteristics	Dry Leaf	Infused Leaf	Liquor
Appearance			
Aroma			

Sensory Evaluation Chart			
Date:		Steeping	
Name:		Leaf Amount:	g
Country of Origin:		Water Temp:	℃
Type / Grade:		Brew Time:	min
Characteristics	Dry Leaf	Infused Leaf	Liquor
Appearance			
Aroma			

🌿 차트 기록 실습

Sensory Evaluation Chart			
Date:		Steeping	
Name:		Leaf Amount:	g
Country of Origin:		Water Temp:	℃
Type / Grade:		Brew Time:	min
Characteristics	Dry Leaf	Infused Leaf	Liquor
Appearance			
Aroma			

Sensory Evaluation Chart			
Date:		Steeping	
Name:		Leaf Amount:	g
Country of Origin:		Water Temp:	℃
Type / Grade:		Brew Time:	min
Characteristics	Dry Leaf	Infused Leaf	Liquor
Appearance			
Aroma			

🌿 스리랑카(실론)

1) 재배

인도양의 섬나라인 스리랑카는 눈물방울 모양을 하고 있어서 '인도양의 눈물'이라고 부르며 태초의 아름다움과 보물을 간직하고 있다고 하여 '인도양의 진주'라고도 부른다. 스리랑카는 시나몬의 주산지로 17세기까지 고가에 거래되던 귀한 작물이었던 향신료를 독점하기 위한 식민지쟁탈이 끊이지 않았으며 무려 443년의 식민지역사가 있다. 실론이라는 이름은 스리랑카의 예전 국명이다.

포르투갈에 이어 네덜란드가 실론을 식민지로 점령하고 커피가 환금성이 좋은 작물로 열강들 사이에 알려지면서 커피 재배가 활발히 이루어지기 시작하여 실론에도 커피 재배가 시작되었다. 이후 영국이 네덜란드로부터 실론을 넘겨받은 후 차 재배에 이어 뒤늦게 진입한 커피 재배에 더 많은 생산을 위한 일환으로 실론의 다른 농작물들을 제거하고 커피를 최대한 많이 심어 생산하였는데 이는 커피 재배에 대한 무지에서 온 것으로 얼마 지나지 않아 커피나무에 녹병이 들기 시작하고 삽시간에 실론 섬을 뒤덮는다. 1869년 발생한 커피 녹병 사건으로 인해 스리랑카의 커피나무들은 모두 죽고 커피 농장은 도산하게 되어 대체 작물이 시급하게 되었고, 당시 스리랑카의 캔디에서 차 품종을 연구하고 있었던 제임스 테일러와 인도에서의 차 재배 노하우로 차가 주요 재배 작물로 성장하게 된다.

제임스 테일러는 아쌈 묘목을 스리랑카 캔디의 산간지대에 심었는데 (1867), 1~2년 안에 차 재배에 성공하자 스리랑카는 새로운 다원으로 급부상하고 커피 녹병과 맞물려 스리랑카 곳곳에 다원이 급속도로 늘어난다. 제임스 테일러는 캔디에서 연구를 시작한 이후로 죽을 때까지 연구에 매진하는데, 보다 강한 품종 개발과 최초의 유념기인 에지(Edge)를 보완·발전시켜 생산량을 늘리고 힘은 덜게 되어 스리랑카 홍차 발전에 큰 역할을 하게 된다. 제임스 테일러는 캔디에서 차 재배 연구를 시작하면서 죽는 순간까지 캔디에서 나오지 않고 홍차를 연구하는데, 이를 기려 '홍차의 아버지' '실론티[50]의 신'이라 불리게 된다.

2) 산업

19세기 말, 토마스 립톤은 차 산업을 성장시킬 수 있는 기발한 아이디어를 떠올리는데, 하푸탈레의 한 바위[51]에 앉아 턱을 괴고 곰곰이 생각해보니 아래는 넓은 부지가 있고 위로는 충분한 산지가 있으니 산지에서 차나무를 심어 아래로 길을 연결하여 차를 판매할 것을 계획한다.

실론티 엠블럼

립톤은 실론의 다원을 구매하여 아래에 공장을 만들고 공장의 천장에 로프웨이를 설치하여 다원에서 공장으로 로프를 이용해 운반하게 해 비용을 크게 절감하였다. 이로써 "다원에서 바로 티포트로"라는 카피를 메인으로 하여 당시 판매되는 기격에 훨씬 못 미치는 저렴한 가격과 '생산물은 생산자로부터 직접 받는다'라는 철학으로 신선도에 초점을 두고, '판매의 자본은

---

50) 실론 섬에 있던 커피나무를 모두 없애고 그 자리에 차나무를 심어 양질의 차를 생산하면서 실론 섬에서 생산된 차를 '실론티'라고 불렀다.
51) 스리랑카 하푸탈레 지역의 립톤스시트

광고'라는 신념으로 전 세계에 저렴하고 각 나라의 수질에 맞게 립톤 홍차를 판매하여 홍차 판매에서 큰 성공을 거두었다.

그러나 1948년 실론이 영국으로부터 독립한 후 정치적인 혼란과 당시 지도자의 부족으로 차 생산에 어려움을 겪는데, 1975년 영국의 사기업에 의해 운영되던 차 농장을 국가재정을 개선한다는 이유로 국유화하게 되면서 차 산업은 크게 쇠퇴한다. 이후 운영은 기업이 해야한다는 것을 깨닫게 되면서 20세기 말 스리랑카(실론) 정부는 차 산업을 다시 기업에게 맡기기로 결정하였다. 그러나 이 결정은 혼란만 가중되어 스리랑카의 차 산업은 더욱 쇠퇴의 길을 걷는다. 그나마 최근 기업들의 노력으로 차의 생산량과 품질 모두 회복세에 있고 스리랑카 차위원회는 양질의 스리랑카 차에 실론티라는 이름과 국기에서 따온 사자 모양의 엠블럼을 부여하여 판매하고 있다.

현재 스리랑카에서 차 산업은 농산물 수출액의 약 65%로 국내 총생산(GDP)의 2%를 차지하는 큰 산업이다. 연간 차의 총생산량은 약 34만 230톤으로 세계 총생산량의 약 7%를 차지하고 있으며 2019년 기준 세계 차 수출국 3위에 해당한다.

3) 재배지역

스리랑카는 북동 몬순(11~2월)과 남서 몬순(5~9월)이 있어 연간 2번의 몬순 영향을 받고 3~4월과 10~11월에 우기가 많으며, 해발고도에 따라 미세기후가 달라져 티의 특징과 생산량도 달라진다.

고지대(High Grown) 차는 해발고도 1,200m 이상에서 채엽한 것으로 황금색에 가까운 수색을 띠고 산뜻한 과일의 향미와 가벼운 바디가 특징이고 생산량은 70톤 내외이다.

중지대(Medium Grown) 차는 해발고도 600 ~1,200m에서 채엽한 것으로 홍색에 가까운 수색을 띠고 낙엽향과 단맛이 강하며 중간 정도의 바디로 생산량은 120~130톤 정도이다.

저지대(Low Grown) 차는 해발고도 600m 이하에서 채엽한 것으로 검홍빛에 가까운 수색을 띠고 젖은 목재향과 묵직한 바디가 특징이며, 생산량은 330톤 정도이다.

스리랑카의 찻잎은 94%는 오서독스 방식으로 제조하고, 6%는 CTC로 제조하는데, 생산되는 찻잎은 OP등급에서 FBOP 등급까지 다양하다.

스리랑카 지도

(1) 누와라엘리야

스리랑카 최고봉인 피두루탈라갈라산 (Pidurutalagala Mt.)의 남서쪽 기슭에 위치하며 해발고도 1,830m의 고원지대로 콜롬보 동쪽 100km 지점에 있다.

누와라엘리야는 '스리랑카의 다즐링'이라고도 불리는데, 다즐링과 비슷한 환경의 매우 고지대에 있어 잎눈이 천천히 자라 달콤한 과일의 향미가 특징이다. 특히 2~3월에 수확한 찻잎이 퀄리티 시즌티로 '스리랑카 홍차의 샴페인'이라고 불릴만한 고품질의 차가 생산된다.

연평균 기온이 16℃로 낮 기온은 20~25℃, 이른 아침과 저녁은 5~14℃, 겨울에도 10℃ 이하로 내려가지 않고 일교차가 크지 않다. 비교적 서늘한 날씨에 연간 강수량은 1,900~2,000㎜로 연중 수확이 가능하다.

(2) 우다 푸셀라와

스리랑카의 가장 높은 산인 페드로 산을 기점으로 서부의 누와라엘리야와 동부의 우바의 중간 지대에 위치하며, 해발고도 1,250~1,550m로 고지대에 속한다. 면적이 작고 인구가 적어 주민 대부분이 차 산업에 종사하며, 생산량은 적은 편이고, 비 재배지역은 학갈라 자연보호구에 속해 있다. 1~3월, 7~9월에 연중 2번 수확하는데, 특히 7~8월에 최고 품질의 차가 생산된다.

동부 산악지역으로 북동 몬순 기후의 영향을 받아 매우 습하고 안개가 잦으며, 특히 학갈라 자연보호구에 속한 지역은 연평균 약 211일 동안 비가 내린다.

(3) 우바

중국의 기문, 인도의 다즐링과 더불어 세계 3대 홍차에 해당하는 차 지역으로 스리랑카 남동부 산악지대의 해발 1,400~1,700m의 고지대 재배지역이다. 스리랑카에서 2번째로 많은 인구와 활발한 지역 경제로 스리랑카의 대표적 차 산지에 해당하며, 몬순의 영향을 받아 독특한 향미가 나타나는데, 멘톨향이 특징이다.

7~9월의 남서 몬순의 영향으로 인도양에서 불어오는 계절풍이 산에 부딪혀 차갑고 건조한 바람이 안개를 걷어 내는데, 이때 한 번에 찻잎을 건조 시켜 잎눈이 닫히면서 수분을 머금게 되어 찻잎의 당도가 높아져 9~10월이 퀄리티 시즌에 해당한다.

(4) 딤블라

누와라엘리야와 우바와 더불어 스리랑카 3대 고지대 차로 알려져 있으며, 누와라와 호르톤(Horton)고원 사이에 있는 중앙산맥 서부에 자리잡고 있다. 1870년대 커피 녹병으로 산지가 초토화됐을 때 대체 식물로 차나무를 가장 빨리 재배했던 곳으로 차의 역사가 깊고 찻잎의 수확시기에 따라 다양한 향미를 보이는데, 특히 2~3월에 재배한 찻잎이 최고 품질로 여겨진다. 해발고도 800~1,676m로 고지대에 해당한다.

5~9월 몬순의 영향을 받고 연중 습하고 안개가 잦게 끼며 낮에는 서늘하고 밤에는 한랭한 바람이 많이 부는 차고 건조한 기후로 묵직한 풀바디가 특징이며, 이 시기에 최고 품질의 찻잎이 생산된다.

(5) 캔디

스리랑카의 중부에서 약간 북쪽에 있는 옛 수도로 19세기 초 영국이 침략할 때까지 싱할라 왕조 최후의 수도였다. 제임스 테일러가 생애 연구에 매진했던 곳으로 1867년 최초의 다원인 '룰레콘데라 다원'이 세워졌다. 해발고도 500~1,250m의 중지대에 해당하며 오서독스 제법과 세미 오서독스 제법을 중심으로 CTC 제법도 일부 이루어지고 있다.

연평균 기온이 24~25℃ 전후로 최고 기온이 30℃ 전후, 최저 기온이 20℃ 전후이다. 연간 강수량은 1,800~2,000㎜로 열대 다우림지역에 해당하고 습도가 70~79%로 높다. 5~7월, 12~1월에 몬순의 영향을 받고 고도가 낮은 편으로 계절풍의 영향을 받지 않아 1년 내내 안정된 찻잎을 수확하여 블랜딩 홍차에 많이 사용되며, 풀바디와 거칠고 강한 향미로 밀크티 제조에 많이 쓰인다.

(6) 루후나

루후나는 스리랑카 남서부에 위치하며 싱할라어로 '남쪽'을 의미하는데,

왕정 시대 당시 왕국 이름 중 하나가 루후나로 지금은 지명으로 사용하지 않는다. 해발고도 600m 이하의 저지대 차로 해안가에서 주로 재배하며 고온 다습한 특징 때문에 찻잎과 수색 모두 검홍빛에 가깝다. 독특한 훈연 향과 깊은 풍미의 이국적인 향이 특징으로 밀크티 제조에 적당하다.

서부 지역은 남서 몬순의 영향을 받아 습하고, 동부 지역은 정글을 이룬다. 차나무 성장이 빠르고 우기인 4~5월, 10~11월에 생산량이 많다. 특히 사우디아라비아에서 수요가 높은데, 1970년대 초 중동지역에서 향미가 강한 홍차 수요가 급증하면서 사바라가무와와 함께 저지대 지역이 스리랑카의 주요 차 산지로 성장하여 저지대 생산량이 스리랑카 차의 총생산량의 약 60%를 차지한다.

(7) 사바라가무와

스리랑카의 중앙산맥 남서부에 위치하며 주도는 라트나푸라이다. 라트나푸라 지구는 전통적으로 보석공업으로 유명한데, 계곡에 충적토가 형성되면서 사파이어, 루비 등 보석이 많이 나와 일부 학자들은 이 지역을 아라비안나이트 중 신밧드의 모험에서 '6번째 항해: 보석의 땅'의 무대로 보고 있으며 사바라가무와 다원의 상징도 보석이다. 해발고도는 평균 800m 이하로 찻잎은 주로 600m 이하의 저지대에서 생산한다.

저지대에 언덕과 작은 계곡들이 많고 강우량이 매우 높아 열대우림의 기후이다. 건엽은 거의 검은빛을 띠며 수색은 진한 검붉은색을 띤다. 풀바디에 목넘김이 부드러우며 우유와 잘 어울린다. 루후나와 더불어 중동과 러시아의 소비 급증으로 인해 스리랑카 최대의 차 생산지이다.

🌿 차트 기록 실습

Sensory Evaluation Chart			
Date:		Steeping	
Name:		Leaf Amount:	g
Country of Origin:		Water Temp:	℃
Type / Grade:		Brew Time:	min
Characteristics	Dry Leaf	Infused Leaf	Liquor
Appearance			
Aroma			

Sensory Evaluation Chart			
Date:		Steeping	
Name:		Leaf Amount:	g
Country of Origin:		Water Temp:	℃
Type / Grade:		Brew Time:	min
Characteristics	Dry Leaf	Infused Leaf	Liquor
Appearance			
Aroma			

🌿 차트 기록 실습

Sensory Evaluation Chart			
Date:		Steeping	
Name:		Leaf Amount:	g
Country of Origin:		Water Temp:	℃
Type / Grade:		Brew Time:	min
Characteristics	Dry Leaf	Infused Leaf	Liquor
Appearance			
Aroma			

Sensory Evaluation Chart			
Date:		Steeping	
Name:		Leaf Amount:	g
Country of Origin:		Water Temp:	℃
Type / Grade:		Brew Time:	min
Characteristics	Dry Leaf	Infused Leaf	Liquor
Appearance			
Aroma			

차트 기록 실습

Sensory Evaluation Chart			
Date:		Steeping	
Name:		Leaf Amount:	g
Country of Origin:		Water Temp:	℃
Type / Grade:		Brew Time:	min
Characteristics	Dry Leaf	Infused Leaf	Liquor
Appearance			
Aroma			

Sensory Evaluation Chart			
Date:		Steeping	
Name:		Leaf Amount:	g
Country of Origin:		Water Temp:	℃
Type / Grade:		Brew Time:	min
Characteristics	Dry Leaf	Infused Leaf	Liquor
Appearance			
Aroma			

2-2. 홍차의 등급

1) OP(오렌지 페코, Orange Pekoe)

네덜란드의 오랑쥬 가문이 홍차를 전하여 오렌지라 부르기 시작하였다는 것과 차를 우려냈을 때 오렌지빛을 띤다고 하는 2가지의 의미가 있다.

최고급 홍차에 남아있는 솜털을 '백호(白毫)'라고 부르는데, 이 백호의 발음이 유럽인들이 발음하기에 어려워 '페코'라고 부르기 시작하면서 백호가 페코(Pekoe)가 되었다.

OP는 홀 리프(Whole leaf) 상태[52]를 의미하기도 하는데, 찻잎의 길이는 10~20㎜ 정도의 말린 형태로 어린 싹을 많이 포함하고 있다(Tippy).

이런 OP등급을 다시 나눠 좀 더 좋은 상태일수록 앞에 형용사를 붙이거

---

52) 찻잎형태를 유지한 차로 자르거나 분쇄하지 않은 차

나 뒤에 숫자를 붙이기도 하는데, 예를 들면 FOP(Flowery Orange Pekoe)는 OP
보다 어린 싹(bud)이 많이 포함된 등급을 표현하며 같은 등급에서도 더 좋은
상태일 때는 SFTGFOP-1[53]처럼 뒤에 숫자를 넣는다.

2) P(페코, Pekoe)
일아이엽 중 이엽[54]에 해당하는 등급의 찻잎이다.

3) PS(페코 소총, Pekoe Souchong)
삼엽에 해당하는 등급의 찻잎이다. 잎이 크고 향은 약하며, 담백한 맛이
특징이다.

4) BOP(브로큰 오렌지 페코, Broken Orange Pekoe)
오렌지 페코를 잘게 자른(broken) 것으로 성분이 더 잘 추출되어 오렌지 페코
보다 진하게 추출되기 때문에 스리랑카 등지에서 상업용으로 많이 생산한다.
잎의 크기가 2~3㎜ 정도로 작지만, 오렌지 페코 등급을 자른 것이기에 품
질은 우수하다. 퀄리티 시즌에 제조된 것은 TGFBOP[55]까지 등급이 매겨지
기도 한다.

---

53) Special Finest Tippy Golden Flowery Orange Pekoe
54) 하나의 줄기에 자란 잎 중에서 두 번째 잎을 말한다. 일아이엽은 일심이엽, 일창이기라고도 하며 영어
로는 one bud two leaves라고 한다.
55) Tippy Golden Flowery Borken Orange Pekoe

5) BP(브로큰 페코, Broken Pekoe)

페코를 잘게 자른(broken) 것으로 성분을 더 잘 추출할 수 있어 잎차 혹은 티백의 형태로 만들어 상업용으로 많이 쓰인다. 차의 형태이다.

6) F(페닝, Fannings)

크기가 1㎜ 정도로 작으며 품질은 다소 떨어진다. 티백용으로 많이 생산한다.

7) BOPF(브로큰 오렌지 페코 페닝, Broken Orange Pekoe Fannings)

BOP보다 작고 Fannings와는 크기가 비슷하다. 찻잎의 입자가 더 고와서 추출 시간이 빠르고 성분이 더 많이 우러나와 쓴맛과 농후한 바디감이 특징이다. 우유와 잘 어울려 밀크티를 제조할 때 주로 사용하고 고급 티백을 제조할 때 사용한다.

9) D(더스트, Dust)

찻잎의 입자가 가장 작은 크기로 아주 고운 입자를 하고 있다. BOP와 BOPF를 만들 때 주로 생산된다.

3. 청차 산지

1) 청차, 오룡차, 우롱차

청차는 수색이 맑아 맑을 청(靑)을 사용하여 청차라 부르며, 잎이 검은 용의 모습과 같다 하여 '오룡차'라고도 부른다. 이 오룡차를 편하게 발음할 수 있게 하여 전 세계로 수출하게 한 것이 대만의 '우롱차'이다.

청차에는 폴리페놀류 화합물이 다량 함유되어 있으며 체지방을 분해하고 신진대사를 원활하게 하여 다이어트에 효과가 있고 숙취해소에도 도움이 된다.

산화도에 따라 청향계와 농향계로 나뉘며 산화도가 낮을수록 차의 향이 싱그러운 청향계에 해당하며, 산화도가 높을수록 과일의 향과 단맛이 높아지는 농향계에 해당한다. 산화도 조절에 따라 차의 특징이 달라지기 때문에 제조 과정이 가장 복잡하다. 내포성이 좋을수록 여러 번 우려도 향미를 발현한다.

2) 제조과정

부분 산화차로(산화도 약 20~80%) 제조과정이 가장 복잡하고 다양한 공정이 필요하다. 산화도를 미세하게 조절하기 위해 찻잎이 100% 산화되지 않도록 유념을 하지 않고 찻잎을 서로 부딪치게 하여 상처를 내는 정도로만 산화를 진행하여 산화도를 조절한다.

차나무의 품종, 산화도, 가공된 찻잎의 모양 등에 따라 종류가 나뉘며, 지역에 따라 특징이 나뉜다. 채엽 후에 야외에서 일광위조와 실내정치위조로 시들리고 주청(tossing)[56]을 통해 찻잎을 가볍게 뒤섞어 산화도를 조절하며 목표한 산화도에 이르면 살청과 유념을 통해 모양을 잡고 찻잎의 향미가 잘 우러나올 수 있게 하는데, 청차 특유의 동그랗게 말아주는 형태를 '포유'라 한다. 이후 차의 완성도를 높이고 유통을 할 수 있게 건조하여 분류한다.

3) 생산지에 따른 4오롱지역

① 푸젠성 남부: 민[57]남오룡(민난우롱), 안계철관음(안시톄관인)
② 푸젠성 북부: 민북오룡(민베이우롱), 무이암차(대홍포, 백계관, 수금귀, 철라한, 육계, 수선)
③ 광둥성: 광둥오룡(광둥우롱), 봉황단총 (평황단총)
④ 대만: 대만오룡(타이완우롱), 농정오룡(둥딩우롱), 백호오룡 (바이하오우롱, 동방미인), 문산포종(원산바오중), 금훤, 사계춘, 목책철관음 등

---

56) 찻잎을 흔들어 서로 부딪치게 하여 상처를 내는 것(요청)과 찻잎을 실내에 놓고 산화도를 확인하는 것(정치)을 반복하는 과정
57) '민'은 푸젠의 옛 지명이다.

4) 재배지역

(1) 중국

대표적 지역으로 푸젠과 광둥 지역이 있으며, 최고급 청차 산지이다.

푸젠의 무이암차는 대표적 최고급 산지로 중국 10대 명차에 들며 무이암산(우이산)의 암운이 깃든 틈에서 자란 찻잎으로 생산하여 품질이 좋고 수확량이 적어 매우 귀한 차이다. 그 중 대홍포는 황제가 아름다운 차의 향미에 반해 '차중의 왕'이라 칭하며 입고 있던 자신의 홍포를 덮어주었다 하여 '대홍포'라는 이름이 붙었다고 전해진다.

철관음은 '위음'이라는 사람의 꿈에 관음보살이 나타나 철관음차를 알려주었다 하여 철관음이라는 이름이 붙었다고 하며 '왕사양'이라는 사람이 건륭황제에게 차를 바쳤는데 '철과 같이 무겁고 관음보살 같이 아름답다' 하여 철관음이라는 이름을 하사하였다는 2가지 설이 있다.

광둥오룡은 광둥성 동부지구의 고산에서 생산되며 대표적인 광둥오룡으로 봉황산의 봉황수선이 뛰어나며, 향을 기준으로 하여 10대 화향계열의 봉황단총[58]이 특히 뛰어나다.

(2) 대만

16세기 포르투갈인들에게 아름답다는 의미의 'Formosa'라 불리며 서양에 소개되었고 국명이 대만(타이완)으로 바뀐 이후에도 대만의 차는 '포모사'라 불린다.

---

58) 단총은 한 그루의 차나무에서 채엽한 찻잎으로만 만든 차를 말한다

1796년 중국 푸젠성에서 차나무를 들여와 차 재배가 시작되었지만, 시험 재배 수준에서 그쳤고 1820년 다른 재배종이 들어오면서 본격적으로 생산을 시작하였다.

19세기 청과 영국 사이에 톈진 조약(1858)이 체결되며, 1860년대부터 차를 수출용으로 한 무역이 시작되었다. 당시 대만의 거의 모든 차는 수출용으로, 1980년까지 총생산량의 80% 이상이 미국과 일본에 녹차와 홍차로 제조되어 수출되었다. 그러나 1970년대 중반부터 중

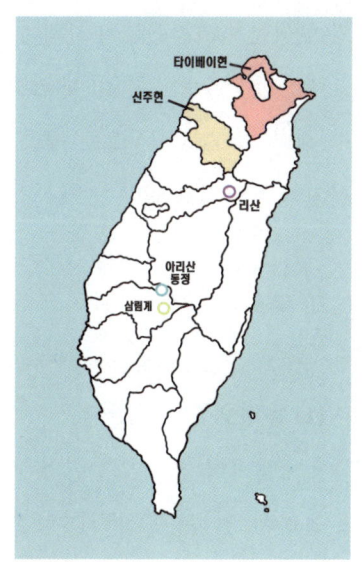

대만 지도

국 본토와의 경쟁이 심해지며 녹차의 경쟁력에서 밀리고 인도와 스리랑카 등지의 홍차 경쟁력에서도 새로운 돌파구를 찾지 못하면서 고급 청차를 개발하는 데에 눈을 돌리게 된다. 수출용으로만 차를 생산하고 자신들의 차를 주로 소비하지 않았던 대만은 녹차와 홍차의 경쟁력에서 밀리면서 자신들의 차를 객관적으로 평가하고 내수 시장의 소비를 강화하는 정책을 펼쳐 최고급의 청차를 생산해내는 것에 성공하였다. 이에 자국 내 차 문화와 시장도 성장하고 이후로 농업, 경제 구조가 변하면서 차 생산량의 85%가 국내에서 소비되고 있다.

대만은 중국 푸젠과 가까운 지형적 이점과 선선하고 습한 기후의 고산지대와 섬나라의 환경적 이점이 더해져 차 특유의 향미를 살려 산화도를 다양하게 한 우롱차가 유명하다. 현재 대만의 농민들은 연합을 통해 최고급 우롱

차를 생산하고 자신들의 차의 우수성을 알리는 데 많은 노력을 쏟고 있다.

대만의 기후는 기온이 13~28℃로 대체로 온화한 편이고 국토 절반 이상이 해발 2,000m 이상으로 해발 3,000m가 넘는 다원에서는 최고 품질의 고산차가 생산되고 있다.

5) 우롱차 종류

(1) 동정오룡
● **재배지역**: 중부 남투현의 동쪽, 동정산 주변

동정은 '얼음봉우리'라는 뜻으로 동정오룡이 생산되는 지역인 루구향이 산의 그늘에 가려 햇볕이 들지 못해 붙여진 이름이다. 영어로는 '제이드 우롱'이라 부르며 다른 지방의 차보다 비싸 동정오룡차 브랜드로 다른 지방의 차를 판매하기도 한다.

(2) 동방미인
● **재배지역**: 신주현

원래 명칭은 '백호오룡'으로 차의 싹이 백호가 많아 하얗다 하여 붙여진 이름이다. 병풍차 또는 팽풍차라고도 부르며 소록엽선[59]이라고도 불리는 등 이름이 많다.

가장 많이 알려진 이름으로는 영국의 빅토리아 여왕이 동방의 미인과 같

---

59) 벌레가 찻잎을 갉아먹어 찻잎이 얼룩덜룩하고 과일향과 목재향이 난다. 제때 채엽하지 않으면 가지가 쪼그라들어 떨어져 버리고 벌레를 이용한 재배이기에 농약을 사용할 수도 없다. 때문에 6월 말~8월 말에만 소량으로 채엽할 수 있어 생산량이 적고 귀하다.

다 하여 붙인 '동방미인'이 가장 유명하며 산화도는 60~85% 정도로 농향계 차이다.

(3) 포종차

• **재배지역**: 타이베이현

'종이로 포장한 차'라는 뜻으로 청나라 황실에 바치던 헌상품에 다른 냄새가 스며드는 것을 막기 위해 목화로 만든 종이에 포장했던 것이 유래이다. 찻잎에 청색이 남을 정도에서 산화를 멈춰 30% 이내로 산화하여 산화도가 가장 낮은 청차이다.

(4) 고산차

• **재배지역**: 자이현 아리산, 대중현 리산

리산의 고산지대에서 차를 재배하던 '진금지'라는 사람이 차나무의 품종을 묻는 총통에게 높은 산에서 자란 차이기에 '고산차'라 대답했던 것에서 유래했다. 해발고도 1,000m 이상의 고산지역에서 수확된 차를 고산차라 부르며 2,000m 이상에서는 최고급 고산차가 생산된다.

(5) 금훤

• **재배지역**: 자이현, 삼림계

대만의 차 재배 실험에 의해 개발된 품종으로 대차 12호 품종의 찻잎(TTES#12)으로 만들었으며 버터와 유향이 강하여 '밀키우롱'이라는 이름으로 판매된다. 금훤이라는 이름은 대만 차엽의 대부로 알려진 오진탁이 개발·육성하여 자신의 할머니의 이름을 따 만들었다.

(6) 사계춘

• **재배지역**: 북부 문산지역에서 남부 고웅지역

4계절 내내 채엽이 가능하다 하여 '사계춘'이라 부른다. 일년에 6~8번 채엽이 가능하며 병충해에 강해 생산성이 높다.

(7) 목책철관음

• **재배지역**: 대북시 근교 목책지구

청나라 시대에 장내묘, 장내건 형제가 고향인 푸젠의 안계현에 친척 집을 방문하였다가 철관음의 맛에 반해 12그루의 철관음 묘목을 가져와 목책 지구에 심은 것이 목책철관음의 시작이다.

대만의 우롱차(long feng xia)

⚜ 차트 기록 실습

Sensory Evaluation Chart			
Date:		Steeping	
Name:		Leaf Amount:	g
Country of Origin:		Water Temp:	℃
Type / Grade:		Brew Time:	min
Characteristics	Dry Leaf	Infused Leaf	Liquor
Appearance			
Aroma			

Sensory Evaluation Chart			
Date:		Steeping	
Name:		Leaf Amount:	g
Country of Origin:		Water Temp:	℃
Type / Grade:		Brew Time:	min
Characteristics	Dry Leaf	Infused Leaf	Liquor
Appearance			
Aroma			

🌿 차트 기록 실습

Sensory Evaluation Chart			
Date:		Steeping	
Name:		Leaf Amount:	g
Country of Origin:		Water Temp:	℃
Type / Grade:		Brew Time:	min
Characteristics	Dry Leaf	Infused Leaf	Liquor
Appearance			
Aroma			

Sensory Evaluation Chart			
Date:		Steeping	
Name:		Leaf Amount:	g
Country of Origin:		Water Temp:	℃
Type / Grade:		Brew Time:	min
Characteristics	Dry Leaf	Infused Leaf	Liquor
Appearance			
Aroma			

🌿 차트 기록 실습

Sensory Evaluation Chart

Date:		Steeping	
Name:		Leaf Amount:	g
Country of Origin:		Water Temp:	℃
Type / Grade:		Brew Time:	min

Characteristics	Dry Leaf	Infused Leaf	Liquor
Appearance			
Aroma			

Sensory Evaluation Chart

Date:		Steeping	
Name:		Leaf Amount:	g
Country of Origin:		Water Temp:	℃
Type / Grade:		Brew Time:	min

Characteristics	Dry Leaf	Infused Leaf	Liquor
Appearance			
Aroma			

4. 백차 산지

 **중국**

1) 재배

주 재배지역은 푸젠성으로 고급의 백차가 생산된다. 푸젠의 대백종 품종의 찻잎을 솜털이 있는 상태로 채엽하고 가볍게 위조하여 찻잎에 하얀 솜털이 남아있어 백차라 부르며 19세기에 대백종 재배를 늘려 생산을 강화하였다.

초봄에 수확하여 솜털이 살아있는 상태의 찻잎을 진품 백차로 여기며 백호은침과 백모단, 수미 등이 있다. 백차는 보이차처럼 오래 두고 먹을수록 좋은 차로 1년 된 백차는 차로 마시고, 3년 된 백차는 약이며, 7년 된 백차는 보배와 같다 하여 '1년차 3년약 7년보'라 부른다.

백차는 해열 성질이 있어 감기 기운이 있을 때 효과가 있다.

2) 제조과정

초봄에 수확한 찻잎을 며칠 동안 햇볕에 시들리기 한 후 건조하여 남아 있는 수분을 제거하여 만들고, 자연 건조하여 자연산화 시키기 때문에 제조 공정 자체는 가장 간단하다.

3) 종류

(1) 백호은침

백호(솜털)와 은침(Silver Tip)이라는 뜻으로 솜털로 뒤덮여 있어 솜털을 뜻하는 백호와 은침을 함께 이름에 붙였다. 수색은 옅은 미색을 띠며, 풋내와 삶은 콩향이 강하고, 단맛이 높고 깔끔하다.

(2) 백모단

하나의 솜털에 두 장의 찻잎을 함께 수확하여 생산하나 찻잎의 양이 규정된 것은 없다. 백호은침이 너무 비싸고 귀해 대중화를 위해 만들어졌으며, 백호은침보다 향미가 뚜렷하여 은은한 꽃향과 함께 부드럽고 싱그러워 인기가 높고 유럽에서는 '하얀홍차'로 부르며 백호은침 보다 백모단을 선호하는 편이다.

(3) 수미

다 자란 잎으로 만든 백차로 잎의 색이 백색을 띤다고 하여 백엽차로 분류된다. 희고 가는 털이 있고 외관이 굽어 노인의 눈썹을 닮았다 하여 '수미'라는 이름이 붙여졌다. 수색은 황색을 띠며 진한 향미가 매력적이다.

(4) 월광백

원래 명칭은 운남백차로 운남성에서 생산한 대엽종 품종으로 만든 백차를 말한다. 달빛 아래 찻잎을 채엽하여 달빛으로 찻잎을 말렸다고 하여 '월광백'이라고도 부르며, 앞면이 솜털로 하얗게 덮여있고, 뒷면은 검은 잎의 모습이 달의 모습과 같다 하여 월광백이라고 부른다는 이야기도 있다. 수색은 녹색빛을 띠는 미색으로 우아한 꽃향과 풀향이 어우러져 매력적인 향미를 품는다. 보이차 산지인 운남에서 재배하고 보이생차의 형태를 띠며, 긴압의 형태를 띠기도 한다.

🌿 차트 기록 실습

Sensory Evaluation Chart			
Date:		Steeping	
Name:		Leaf Amount:	g
Country of Origin:		Water Temp:	℃
Type / Grade:		Brew Time:	min
Characteristics	Dry Leaf	Infused Leaf	Liquor
Appearance			
Aroma			

Sensory Evaluation Chart			
Date:		Steeping	
Name:		Leaf Amount:	g
Country of Origin:		Water Temp:	℃
Type / Grade:		Brew Time:	min
Characteristics	Dry Leaf	Infused Leaf	Liquor
Appearance			
Aroma			

🌿 차트 기록 실습

Sensory Evaluation Chart			
Date:		Steeping	
Name:		Leaf Amount:	g
Country of Origin:		Water Temp:	℃
Type / Grade:		Brew Time:	min
Characteristics	Dry Leaf	Infused Leaf	Liquor
Appearance			
Aroma			

Sensory Evaluation Chart			
Date:		Steeping	
Name:		Leaf Amount:	g
Country of Origin:		Water Temp:	℃
Type / Grade:		Brew Time:	min
Characteristics	Dry Leaf	Infused Leaf	Liquor
Appearance			
Aroma			

5. 황차 산지

 **중국**

1) 재배

발효도가 약한 경미발효차로 3황(건엽과 엽저, 수색 모두 등황색)을 띤다 하여 황차라 불리며, 황제에게 진상하던 차이다. 황아차, 황소차, 황대차로 나뉘며 유념 후 습기가 있는 상태로 상자에 넣기에 엽록소가 파괴되어 찻잎의 색이 황색을 띤다. 미생물이 발생하여 발효과정이 일어나기 때문에 독특하고 깊은 맛이 우러나오는데, 이 발효과정에서 쓰고 떫은 맛을 내는 카테킨은 줄고 꽃향과 사과향이 우러나오며 폴리페놀류가 분해되어 생겨난 효소는 위장에 특히 좋고 간을 해독하는 성질이 있어 숙취 해소에 효과가 있다.

대표적인 황차로 군산은침(준산인젼), 몽정황아(명딩황야), 곽산황아(훠산황

아) 등이 있는데, 대체로 생산되는 종류나 양이 적어 구하기가 어렵고 매우 귀한 차로 분류된다.

2) 제조과정

채엽 후 살청하여 유념한 상태로 열이 남아있을 때 민황[60]을 거쳐 천천히 건조하고 분류하는데 황차의 품질은 수확 시기가 가장 큰 영향을 받는다.

3) 종류

(1) 군산은침

● **재배지역**: 호남성 동정호의 군산섬

군산지역의 은침(바늘)모양을 띤다 하여 '군산은침'이라 부른다. 청나라 시대 황실에 바치던 귀한 차로 생산량이 적어 중국에서도 예약을 통해 주문해야만 간신히 구입할 수 있는 매우 희귀한 차이다. 등황색의 수색을 띠며, 바디감이 가볍고, 은은한 과일향이 특징이다.

(2) 몽정황아

● **재배지역**: 사천성 몽산의 정상

당나라 시대의 문헌인 『국사보』에 '가장 뛰어난 황차'라고 기록되어 있을 만큼 당대부터 알려진 명차이며 옛날에는 관원과 승려들이 제사를 지내고

---

60) 살청을 통해 찻잎에 열이 가해진 상태로 나무나 철제 상자에 넣어 온도와 습도를 조절하며 미생물로 인한 발효를 유도하는 과정

몽정차를 채엽했다고 전해질만큼 공물로 바쳐지던 귀한 차이다. 찻잎이 납작하고 곧으며 옅은 황녹색의 수색을 띠고 신선한 단맛이 특징이다.

(3) 곽산황아

• **재배지역**: 안휘성 곽산현

당나라 시대에 시작되어 명나라 시대에 공품으로 지정되고 청나라 시대까지 명차로 명성이 이어졌으나 지금은 가공기술이 전해지지 않아 1971년 제다법을 새로 개발하여 생산을 시작하였고 2006년 12월 '국가 지리 표지 보호 제품' 칭호를 받았다. 찻잎의 모양이 새의 혀 모양을 하고 있어 작설이라고도 하며, 맑은 황색의 수색을 띠고, 삶은 밤의 단맛이 특징이다.

🌿 차트 기록 실습

Sensory Evaluation Chart			
Date:		Steeping	
Name:		Leaf Amount:	g
Country of Origin:		Water Temp:	℃
Type / Grade:		Brew Time:	min
Characteristics	Dry Leaf	Infused Leaf	Liquor
Appearance			
Aroma			

Sensory Evaluation Chart			
Date:		Steeping	
Name:		Leaf Amount:	g
Country of Origin:		Water Temp:	℃
Type / Grade:		Brew Time:	min
Characteristics	Dry Leaf	Infused Leaf	Liquor
Appearance			
Aroma			

6. 흑차 산지

 **중국**

1) 재배

비타민의 공급원으로 밀크티나 버터차로 만들어 마셨는데 주로 윈난성, 쓰촨성, 후베이성에서 생산되며 광둥성과 윈난성에서 소비되고 전통적으로는 티벳에서 주로 소비되었다.

예로부터 과일과 야채를 구하기 어려운 고산지대나 사막지대의 사람들에게 비타민을 대체하기 위해 윈난과 쓰촨에서 차마고도를 통해 보내졌는데 찻잎의 상태를 보존하고 더 많은 양을 한 번에 많이 말에 실을 수 있도록 긴

압[61]하여 보내기 시작하면서 지금의 긴압차가 시작되었다.

혹차는 녹차를 만드는 과정을 거친 후 녹차를 모차로 하여 찻잎을 숙성시키는 과정을 거치는데 이때 누룩곰팡이 등의 미생물이 발생하면서 발효가 진행되어 '후발효'라고 부르며 숙성의 차이에서 생차와 숙차로 나뉜다.

발효를 거쳐 만들기에 위장에 좋고 다이어트나 건강에 이로운 성분들로 인해 건강차로 인식되면서 관심이 높아지고 언론에 보도되면서 우리나라에서도 주목받고 있다. 생차와 숙차 모두 창고 등에서 긴 시간 숙성시키고 온도와 습도를 유지하면서 진행되기 때문에 먼지가 다량 발생할 수밖에 없어 세차를 한 후 마시는 것이 좋다.

차나무 품종, 재배지역, 완성된 차의 형태 등을 기준으로 다양하게 분류되는데, 산차나 긴압차의 형태로 제조과정을 마친 혹차는 보이생차(푸얼성차), 보이숙차(푸얼수차), 보이칠자병차(푸얼치쯔빙차), 보이전차(푸얼펜차), 보이타차(푸얼퉈차) 등이 있으며 특히 생차는 숙차보다 향미가 부드럽고 산뜻하고 지방 분해와 숙취 해소에 효과가 좋다.

2) 보이차

혹차와 보이차가 같은 것으로 알고 있는 사람들이 있지만, 보이차는 혹차의 한 종류이다. 단순히 숙성(후발효)과정을 거쳐 만들어지는 차는 모두 혹차로 분류되며 보이차로 분류되기 위해선 조건이 더 필요하다.

보이차는 중국 윈난성 남서부의 푸얼시(보이시)에서 생산·유통되는 혹차

---

61) 건조한 찻잎을 천 주머니에 넣고 증기를 쐬어 찻잎을 부드럽게 한 후에 모양을 내는 틀에 넣고 압축하여 성형하는 과정. 모양에 따라 부르는 이름이 다르다.

로 푸얼차(보이차)라고 부르며 운남 푸얼시를 중심으로 운남성 일대에서 생산되며 쇄청녹차[62]이면서 생차인 차만 보이차로 분류될 수 있다.

운남성의 차는 중국 본토에서 변두리 차로 인식되어 관심 밖의 차였지만, 청나라 시대에 황제에게 진상하면서 진가가 드러났고 이후 프랑스의 한 논문에서 보이차의 효능이 발표되면서 관심을 받게 되었으며 1990년대 중국과 홍콩, 대만의 부호들이 마시는 차로 언론에 보도되고 와인처럼 오래된 명차가 비싼 가격에 팔리면서 최근에는 주식의 개념으로 소장 가치가 높아지고 있다.

3) 제조과정

(1) 생차

윈난성의 보이생차는 교목형의 야생 차나무를 손으로 채엽하여 살청을 거쳐 유념한 뒤 햇볕에 건조하는 쇄청건조를 거친 후 긴압하여 숙성한다. 긴압의 모양에 따라 정사각형은 방차[63]라 하며, 동그란 떡 모양은 병차라 부른다.

최근에는 인기가 높아지면서 생산량이 늘어 공장 형태로 대량생산하면서 교목형의 핸드픽[64]만으로는 충당이 이려워 괸목형의 차나무를 재배하여 생산한다.

마찬가지의 이유로 모든 찻잎을 야외에서 햇볕에 건조(쇄청)하는 것이 불

---

62) 찻잎을 가마솥에 덖고 살청, 유념한 후에 햇볕에 쬐어 건조한 녹차
63) '방'은 중국에서 정사각형을 뜻한다
64) 손으로 골라내는 작업

가능해 공장 규모의 대형 차창[65]에서는 건조기를 이용한 기계건조(홍청)가 이루어진다. 따라서 운남성 일대에서 생산되었어도 쇄청을 거치지 않았으면 보이차로 분류되기 어렵다. 보이생차는 값이 매우 비싸기도 하지만, 생산연도가 변조되어 유통되기도 하여 진짜 보이생차를 구분하는 것은 매우 어려운 일이다.

(2) 숙차

채엽 후 살청하여 유념을 거쳐 건조하는 과정은 생차와 동일하지만, 숙성과정에서 자연 숙성이 아닌 악퇴 발효를 거쳐 단기간에 숙성시키는 차를 말한다. 제조과정을 모두 마쳤어도 미생물에 의한 숙성(후발효)이 이루어져야 흑차로 판매가 가능한데, 보이차의 인기가 높아지며 자연 숙성이 되기까지 오랜 시간을 기다리며 수요를 따라가기 어려워 대량생산이 가능하도록 인공 숙성과정인 악퇴를 개발하면서 흑차의 보급이 원활해지게 되었다.

숙차에는 맥호를 표기하는데, 맥호란 숙차에 붙인 번호를 말한다. 첫 번째와 두 번째 숫자는 병배법[66]이 고안된 연도를, 세 번째 숫자는 모차의 등급으로 찻잎의 크기[67]를, 마지막 숫자는 차창의 고유번호를 뜻한다. 예를 들어 '맹해차창7542'는 맹해차창[68]에서 1975년에 처음 개발된 방법으로 4급 찻잎을 사용하여 만든 차라는 뜻이다.

---

65) 차 공장
66) 찻잎을 섞어 일정한 맛을 유지하는 방법
67) 숫자가 작을수록 찻잎의 크기가 작고 어리다는 뜻이기에 작은 숫자를 특급으로 취급한다
68) 차창의 고유번호: 곤명차창(1), 맹해차창(2), 하관차창(3), 보이차창(4)

4) 종류

(1) 병차

병은 '떡 병(餅)'자로 차가 둥근 떡 모양이라 이름이 붙여졌으며, '원차'라고도 한다. 크기는 다양하지만, 평균적으로 지름 18~20cm, 두께는 2cm, 무게는 약 330~365g이다.

(2) 전차

전은 '벽돌 전(塼)'자로 직사각형으로 벽돌 모양처럼 생겨서 붙여진 이름이다. 평균적으로 약 250g을 사용하여 한 묶음에 4개를 1kg 단위로 판매한다.

(3) 타차

찻잔이나 사발, 혹은 버섯의 삿갓처럼 생긴 긴압차의 하나로 중량은 다양하며 크기에 따라 대타차(250g), 중타차(100g), 소타차(5g)로 나뉜다.

(4) 산차

'흩어질 산(散)'자로 긴압을 하지 않고, 잎차(loose leaf)의 형태로 만들어진 차를 말한다.

🌿 차트 기록 실습

Sensory Evaluation Chart			
Date:		Steeping	
Name:		Leaf Amount:	g
Country of Origin:		Water Temp:	℃
Type / Grade:		Brew Time:	min
Characteristics	Dry Leaf	Infused Leaf	Liquor
Appearance			
Aroma			

Sensory Evaluation Chart			
Date:		Steeping	
Name:		Leaf Amount:	g
Country of Origin:		Water Temp:	℃
Type / Grade:		Brew Time:	min
Characteristics	Dry Leaf	Infused Leaf	Liquor
Appearance			
Aroma			

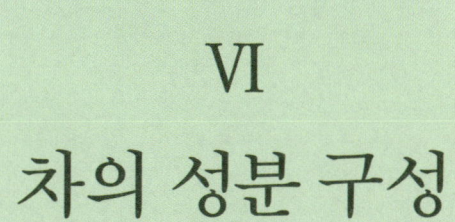

VI
차의 성분 구성

1. 차의 성분과 맛

1) 폴리페놀

떫은맛에 관여하며 카테킨류(녹차, 백차, 홍차 등)와 홍차의 산화 과정에서 발생하는 데아플라빈(차황소), 데아루비긴(차홍소) 등이 있다.

2) 카페인

쓴맛에 관여하며 산화 과정에서 카페인이 더 높아지기도 한다.

3) 아미노산

단맛과 감칠맛에 관여하며 수용성으로 차에만 존재하는 유익한 아미노산인 데아닌이 있다.

4) 비타민류

비타민B_1은 탄수화물 대사에 관여하고 비타민B_2는 지질의 대사에 관여하며 나이아신은 지방분의 대사에 관여한다. 활성산소를 억제하는 항산화 작용을 하며, 다양한 비타민이 풍부하게 함유되어 있다.

5) 미네랄류

혈액의 알칼리성을 유지하는 데 관여하며 칼륨, 인, 마그네슘, 칼슘 등의 무기질 성분이 차에 다량 함유되어 있다.

2. 차의 구성 성분

1) 카테킨

폴리페놀의 일종으로 카멜리아 시넨시스(Camellia Sinensis)에서 파생된 차의 주성분이며 녹차의 떫은맛 성분이다. 모든 다류에 들어 있으나 산화 과정에서 반 이상 줄어 홍차나 우롱차에는 적은 편이다.

항산화 작용으로 발암을 억제하고 항바이러스, 항알레르기 작용을 하며 노화 억제, 성인병 및 당뇨 예방에 관여하고 혈액 속의 콜레스테롤 수치를 낮춘다.

이외에도 후천성 면역결핍증 바이러스(AIDS) 생육 저해와 항비만, 항균제, 항충치제, 탈취제, 염증 등에 효과가 있으며, 화장품 원료로도 사용된다.

2) 카페인(theine)

알칼로이드의 일종으로 커피나 차 등의 식물의 열매나 잎, 씨앗 등에 함유되어 있다. 차에서 추출된 카페인을 '테인'이라 하는데 카페인과 동일 물질이다.

중추신경계와 신진대사를 자극하여 각성효과가 있고 피로를 풀어주며 강심과 이뇨에 효과가 있는 것으로 알려져 기호식품 및 치료약품으로 개발되어 두통약, 항알레르기제 등에도 사용된다.

음료로 섭취하면 소장에서 매우 빠르게 흡수되어 온몸에 전달되는데 혈장 속 카페인 농도는 섭취 후 성인 기준으로 30분~1시간이 최고에 달하며 24시간 이내에 땀이나 소변 등으로 배출되어 소실되나 개인차에 따라 다를 수 있다.

> 커피와 차의 카페인 비교: 100g을 기준으로 커피에는 약 1.3%의 카페인이 있고 찻잎에는 약 2~3% 들어 있지만, 커피 한 잔을 만들 때 사용하는 커피의 양이 10~20g, 차 한잔에 사용하는 양이 2~3g인 것을 생각하면 한 잔 기준으로 커피는 80~100mg, 차는 20~40mg의 카페인이 들어 있다고 할 수 있다.
>
> 몸에서 받아들일 때도 커피는 지용성 성분이 함께 있어 몸에서 빠져나가기까지의 시간이 길지만, 차는 수용성 성분으로 몸에 흡수가 빠르며 배출도 빠르다.

3) 아미노산

단백질 중의 아미노산은 단맛과 감칠맛을 내는 향미의 주요 성분으로 차에는 10여 종의 아미노산이 25% 함유되어 있다.

비필수 아미노산으로 산성기를 포함하여 신감칠맛을 내는 글루탐산과 아스파트산, 염기성기를 포함하여 쓴감칠맛을 내는 아르기닌 등이 있고, 생체 내에서 합성되기 어려워 음식물로 섭취해야 하는 필수아미노산도 다량 함유되어 있다.

4) 테아닌

차에만 존재하는 아미노산으로 이외의 식물에선 거의 존재하지 않는 특수 아미노산이다. 녹차에서 많이 발견되고 글루탐산의 유사물로 전체 함유량의 60%를 차지한다.

독특한 감칠맛으로 차의 향미 개선에 관여하며 스트레스로 인한 긴장감을 완화하는 데 도움이 된다. 일반적으로 함유량이 많을수록 고급 차로 분류하는데, 일조량이 적을수록 테아닌 함유량이 높아지기에 초봄에 재배하거나 차광재배를 하기도 한다.

5) 비타민류

비타민류는 생체 내에서 생성되지 않아 식품으로 섭취해야 하는데 차에는 특히 비타민류가 풍부하며 노화방지나 활성산소 생성 억제 등의 작용을 한다.

차에는 비타민A, B_1, B_2, C, E 등 주요 비타민이 함유되어 있고, 베타-카로틴이 당근의 10배 가까이 함유되어 있으며 토코페롤, 비타민P 효과가 있는 루틴 등이 함유되어 있고 가장 중요한 비타민으로 비타민C가 시금치의 3배, 레몬의 4배에 달할 정도로 많이 함유되어 있다.

6) 비타민C

차에 함유된 비타민 중 가장 먼저 확인된 비타민으로 비타민C는 자외선으로부터 피부를 보호하고 체내의 활성산소 생성을 억제하는 주요 비타민이기 때문에 필수적으로 섭취해야 하는데, 차로 음용하면 효과적으로 섭취할 수 있다. 찻잎은 일조량이 많을수록 함유량이 높아지며 녹차의 비타민C는 특히 살청 과정에서 효소 작용을 비활성화시키고 뜨거운 물에도 잘 파괴되지 않아 매우 안정적으로 체내에 섭취가 가능하다.

7) 무기질

차에는 5~7%의 무기질이 함유되어 있는데 칼륨이 특히 전체의 반을 차지할 정도로 풍부하고 칼슘, 인, 마그네슘, 나트륨 순으로 다른 음료에 비해 많은 무기질이 함유되어 있다. 특히 찻잎에 함유된 칼륨은 나트륨을 배출하는 효과가 있고 아연은 세포의 성장회복을 돕는 효과가 있다.

8) 사포닌

차의 쓴맛에 관여하며 한약방의 주성분으로 차에는 약 0.1%가 들어있다. 강심과 진정작용 등의 효과가 있다.

9) 기타 성분

차의 주요탄수화물로는 자당, 포도당, 과당 등이 있으며 차의 단맛을 더해주고 이외에 찻잎의 플라보놀(Flavonol)성분은 혈압을 낮추고 모세혈관의 저항성 증가와 소취 작용으로 입냄새 제거에 탁월하다.

VII

티젠(Tisane)

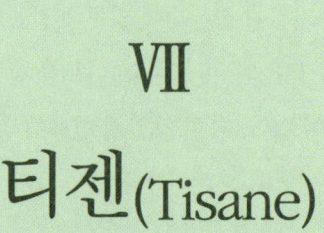

1. 대용차

    찻잎을 사용하지 않은 차로 대용차라 부른다. 우리나라에서는 대용차를 따로 구분하지 않고 모두 차로 부르지만, 서양에서는 찻잎을 사용한 차만 차로 부르고 찻잎을 사용하지 않은 차는 식물을 우린 물이라 하여 티젠(Tisane) 혹은 티 인퓨전(Tea Infusion)이라고 부른다.

2. 허브의 종류

🌿 허브

   라틴어로 풀을 의미하는 'HERBA'에서 유래하였으며 향이 나는 식물로 약재나 종교의식에 사용하였고 풍미를 내기 위해 음식 조리에 사용하거나 화장품이나 향수 제조 또는 차로 즐긴다. 허브를 사용한 테라피도 찾아볼 수 있다.

1) 잎을 이용한 허브

(1) 레몬그라스
원산지는 인도, 동남아시아, 중남미로 레몬 향이 나는 허브라고 해서 '레몬그라스'라고 부른다. 잎과 뿌리를 사용하며 잎은 차로 만들거나 잘 말려서 방향제나 목욕제로 사용하고 뿌리는 음식의 냄새를 잡아주거나 향을 더할 때 사용한다.

소화를 돕고 싱그러운 레몬 향이 머리를 맑게 하여 빈혈을 완화시키며 살균작용이 있어 레몬그라스의 정유는 약품이나 목욕용품을 만드는 데 사용한다.

(2) 레몬밤

원산지는 유럽 남부로 박하나 민트 같은 꿀풀과의 일종이다. 현대 약학의 아버지라 불리는 스위스의 의학자 파라켈수스가 '생명을 연장시키는 불로장생의 묘약으로 젊음이 돌아오고 뇌의 활동이 강해지며 활력저하를 해소한다'라고 극찬한 허브이다.

속명의 Melissa는 꿀벌들을 끌어당기는 밀원식물[69]을 의미하는데, 그리스어로 밀봉이라는 뜻의 멜리사(melissa)에서 유래되었다. 꽃과 잎, 줄기 모두 사용하며 생잎은 차로 즐기거나 아로마 테라피에 사용하고 목욕제 또는 헤르페스(염증)나 벌레 물린 곳에 발라 상처를 치료하기도 하는데 염증에 바르는 연고로 사용하여 '레몬밤'이라는 이름이 붙었다고도 전해진다. 또한 레몬밤의 에센셜 오일(특히 오이게놀 성분)이 항경련작용이 있다는 것은 과학적으로 보고된 바 있다.

이외의 효능으로는 혈압을 낮추고 불안이나 히스테리의 진정 작용, 항바이러스 작용, 피부 세정 등에 효능이 있는 것으로 알려져 있다.

---

69) 꽃과 꽃가루를 통해 꿀벌의 식량을 제공하는 식물

(3) 레몬버베나

원산지는 아르헨티나와 칠레로 마편초과 허브에 해당하며 잎 전체에 레몬향이 강하게 나는 것이 특징이다. 잎을 이용하여 차로 마시거나 살균·방부 효과가 있어 입욕제나 화장품 등의 재료로 쓰이는데 상큼하고 시트러스한 향이 심신을 편안하게 하여 스트레스 진정에 도움을 주고 기분을 북돋아주어 향수에도 많이 사용한다.

이외의 효능으로는 산뜻한 향이 구토를 멎게 하고 소화불량에 도움이 되는 것으로 알려져 있다.

(4) 로즈마리

원산지는 지중해와 캅카스 지역으로 라틴어로 '바다의 이슬'이라는 의미가 있는 'Ros Marinus'에서 이름이 붙여졌다. 잎에서 아주 강하고 좋은 향이 나기 때문에 차로 즐기거나 음식이나 음료에 향을 더할 때 많이 사용하며 고기의 잡내를 잡기 위해서도 많이 쓰인다.

집중력에 좋은 티로 로즈마리의 향이 뇌의 기능을 활성화시켜 옛날 유럽에서는 '학자의 허브'라 불렸으며 정절이나 믿음, 사랑의 상징으로도 이용되어 결혼식에서 로즈마리를 던지기도 하였다.

이외의 효능으로는 몸의 순환을 촉진시키고 혈압을 높이며 항균과 살균작용이 뛰어나 공기정화와 진염병 방지를 위해 옛날에는 병실에 달아두기도 하였다. 또, 탈모 방지에 효과가 있고 보습에도 효과가 있어 화장품 원료나 아로마 테라피에 많이 사용한다.

(5) 루이보스

원산지는 남아프리카공화국으로 케이프타운의 고산지대에서 자라는 루이보스를 건조시켜 차로 만들어 원주민들이 즐겨 마셨고 케이프 지방에 이주한 네덜란드인들에 의해 유럽에 루이보스티가 전해지면서 홍차의 대용품으로 여겨져 즐기게 되었다.

원주민어로 '루이'는 붉다, '보스'는 덤불이라는 뜻으로 생김새에 맞게 '빨간덤불'이라는 뜻의 이름이 붙여졌고, 산화를 거치지 않은 것은 '그린루이보스'라고 부른다.

카페인이 없고 칼슘과 철 등의 미네랄이 풍부하여 아이들도 마시는 차로 원주민들은 우유를 넣어 부드럽게 밀크티로 즐겨 마시기도 한다.

항산화 작용이 뛰어나며 알레르기 증상에 효과가 있는 것으로 알려졌고 피부미용과 숙면에 좋고 노화를 막아준다. 국내에서는 임산부용 허브로 인기가 있다.

(6) 마테

원산지는 남미의 파라과이와 브라질 등으로 남미 대륙 전체에서 영양분 섭취를 위해 차로 마신다. 잎에 1~2%의 카페인이 있는데 보통 허브에는 카페인이 없지만 마테에는 카페인이 있어 차로 많이 마시거나 물을 대용하여 마시는 것은 바람직하지 않다.

남미의 건강차로 여겨지며 이뇨 작용에 좋고, 신진대사를 원활하게 하여 국내에서는 다이어트차로도 인기가 있으며 비타민, 철분, 칼슘 등의 미네랄이 풍부하고 육체 피로 개선에 효능이 있지만, 많이 자주 마시는 것은 피하는 것이 좋다.

(7) 스피어민트

원산지는 유럽으로 서양박하에 해당하며 동양의 박하는 멘톨은 많으나 향이 별로 없지만, 스피어민트는 향은 부드럽고 멘톨이 거의 없어 마시기에 편하며 블렌딩에 많이 쓰인다.

속명의 'Mentha'는 그리스 신화의 여신 'Menthe'에서 유래되었으며, 피부 조직을 수축시키는 작용이 있어 화장품이나 목욕제로 사용한다. 소화를 돕고 신진대사를 원활하게 하여 숙취 해소에 도움을 주며 시원한 향이 스트레스 해소에 효과가 있다.

(8) 페퍼민트

원산지는 유럽으로 미국과 일본 등지에 분포되어 있다. 워터민트(Mentha aguatica)와 스피어민트(Mentha spicata)의 교잡종으로 후추의 톡 쏘는 향을 닮았다고 해서 페퍼민트라고 이름이 붙여졌다.

잎에 정유가 많이 함유되어 있는데, 정유의 주성분인 멘톨이 피부와 점막을 시원하게 해주고 우울감과 신경과민에 효과가 있어 고대 그리스와 이집트에서 방향제나 목욕제, 향수의 원료로 많이 사용하였다.

해열에 효과가 있어 스트레스가 심할 때나 잠이 오지 않을 때 차를 마시면 마음을 편안하게 하고 멘톨의 강하고 시원한 향이 속이 울렁거리거나 구토가 심할 때 속을 편안하게 하는 효과가 있다.

2) 꽃을 이용한 허브

(1) 라벤더

원산지는 지중해 연안으로 라틴어로 '씻다'라는 뜻을 가진 'Lavere'에서 이름이 붙여졌다. 고대 그리스인들이 꽃잎을 목욕물에 담가 사용했으며 향유나 방향제로 많이 사용하였고 살균제나 방충용으로도 사용하였다. 두통이나 신경안정에 효과가 있어 아로마 테라피로도 많이 사용된다.

(2) 장미(로즈)

원산지는 서아시아로 향기의 여왕으로 불리며 고대부터 관상용과 향료용으로 재배해왔고, 아로마 테라피에 주로 사용되었다.

18세기 이전의 장미는 고대장미라 부르며 19세기 이후의 장미를 현대장미라 부르는데, 18세기 말에 아시아의 원종이 유럽에 전해져 교배가 이루어져 품종이 다양해졌다.

장미꽃에는 항산화 효능과 비타민C가 레몬의 20배, 에스트로겐이 석류의 8배가 들어 있어 특히 갱년기의 여성들에게 효능이 있고 피부미용에 좋다. 그냥 차로 즐기기엔 향은 좋지만, 맛은 약하여 블렌딩으로도 많이 사용된다.

(3) 캐모마일

원산지는 영국으로 차로 즐기는 용으로는 쓴맛이 적은 저먼 캐모마일을 많이 사용한다.

사과향이 나는 국화과 식물로 고대 그리스어로 '땅'을 뜻하는 'Chamai'와 '사과'를 뜻하는 'Melon'이 더해져 '땅에서 나는 사과'라는 뜻이다.

두통과 신경통, 위통 등으로의 신경이 예민해질 때 마시면 진정되는 효능이 있고 불면증에 효능이 있어 베개 속에 넣어두면 숙면의 효과를 볼 수 있기에 서양에서는 잠들기 전에 마시는 차로 알려져 있다. 역류성 식도염에도 효과가 있고 피부 진정에 효과가 있어 세안제의 원료로도 사용된다.

(4) 클로브

원산지는 인도네시아 말루쿠 제도로 말린 꽃봉오리가 못과 닮았다고 해서 '정향'이라고 이름이 붙었고 클로브 역시 프랑스어로 못(clou)을 뜻한다.

고가의 향신료로 세계 3대 향신료에 속하는 정향은 중세 아라비아에서 불로장생의 묘약이라고 알려졌으며 치과향이 나는 것이 특징인데 실제로 고대 궁중 관리들이 황제를 알현할 때 입냄새 제거를 위해 정향을 씹고 들어갔다 하며 이것을 '계설향'이라고 불렀다.

정향은 동의보감에도 기록이 남아있는데 비위가 허하고 배가 차고 게우거나 설사하며 소화가 되지 않을 때 사용한다고 나와 있다. 부패 방지와 살균효과가 높아 회충증 등에 사용하고, 무릎과 허리가 시릴 때에도 부드럽게 우려내어 마시면 효과가 좋다.

(5) 히비스커스

원산지는 동인도, 중국(부상화)으로 아름다움의 신 'Hibis'와 같다는 뜻의 그리스어 'Isco'가 합쳐져 붙여진 이름이다.

꽃과 잎, 열매를 모두 이용하며 말린 꽃받침을 차로 우리는데 생잎과 과실로 차를 우리거나 요리 재료로 이용하기도 한다. 히비스커스는 우려냈을 때 진한 붉은 수색과 강렬한 신맛이 특징으로 안토시아닌 성분이 피를 맑게 하고 항산화 성분이 풍부해 항암 효과가 있는 것이 레드와인과 특징이 비슷하다. 또한 비타민C가 높고 피부 미용에 효과가 있으며 특유의 강렬한 신맛으로 스트레이트로 즐기기 보단 블렌딩용으로 많이 이용한다.

3) 열매를 이용한 허브

(1) 로즈힙

원산지는 칠레로 안데스산맥에서 자생하는 야생 들장미의 열매이다. '젊음의 묘약'이라고도 불리는데 고대 그리스의 의학자 히포크라테스도 담낭질환을 치료하는 데 사용했다고 전해진다.

비타민C가 레몬의 20~40배에 해당하여 제2차 세계대전 때 영국군이 괴혈병을 막기 위해 복용했다는 기록이 있으며 겨울철 감기 예방에 효과적이다. 면역체계를 강화하고 피로회복에 효능이 있으며 안토시아닌 성분이 높아 눈 건강에도 좋은 효과가 있다.

(2) 카다몬

원산지는 인도로 오래전부터 사용되던 향신료의 한 종류이며 생강과의 관목으로 카레를 만들 때 많이 사용되고 '향신료의 여왕'이라고 불릴 만큼 고급 향신료에 속한다.

고대 이집트에서는 향수나 치아 미백제로 사용했는데 지금도 식사 후 입안을 개운하게 하려고 카다몬의 씨를 씹기도 한다. 고대 로마에서는 소화제로 사용했다고 전해지는데, 피로회복과 소화를 촉진시키는 효과가 있다.

(3) 펜넬

원산지는 지중해 연안으로 속명인 'Foeniculum'은 라틴어로 건초를 뜻하는데 이는 펜넬에서 나는 특유의 향이 건초 냄새와 비슷해서 붙여진 이름이다.

로마 시대에는 갓난아기에게 펜넬을 끓인 물로 눈을 씻겨주는 풍습이 있었는데 히포크라테스는 황달의 치료에도 사용하였다고 하며 펜넬이 시력을 높이고 눈 건강에 효과가 있다고 전해져 요즘에도 눈에 염증이 생기면 펜넬을 끓여 세안하기도 한다.

뿌리와 줄기, 잎, 꽃, 씨까지 모두 식용으로 사용하는데 특유의 향으로 생선비린내와 육류의 잡내를 없애는 데 사용하고 기름기를 중화시키는 데 사용한다. 피클이나 포도주, 카레 등의 부향제로도 사용하며 모유 생성을 억제하는 도파민의 작용을 억제하여 젖이 부족할 때 최유제로도 사용된다.

이뇨 작용과 체중감량 효과가 있어 '다이어트 허브'라고 불리며 클레오파트라가 마시던 다이어트 차로 알려져 있는데, 고대 그리스인들은 펜넬의 이뇨 작용이 비만을 방지하고 체중을 감량하는 데 효과가 있다는 것을 알고 그리스어로 'Marathuron'이라 불렀으며 이는 여위다는 뜻의 'Maraino'에서 비롯된 이름이다.

허준의 동의보감에는 펜넬(회향)이 식욕을 돋우며 소화를 돕고 곽란, 메스껍고 속이 편치 못한 것을 낫게 한다고 기록하였다.

4) 뿌리를 이용한 허브

(1) 감초

원산지는 시베리아와 스페인 등이 있고 중국 동북부 및 몽골 등지에 분포되어 있다. 약용식물로 뿌리를 건조하여 한약재로 사용하며 설탕의 약 50배에 달하는 당도를 가져 맛이 달기에 감초라고 부른다. 당도는 높지만, 칼로리는 낮아 다이어트 감미료로 각광 받고 있다.

이외의 효능으로 붕어독, 파상풍의 독소 등을 해독하는 작용이 있으며 염증이나 습진에 좋고 부종을 억제하는 효과도 있다. 또한 최근 소화성 궤양을 억제하는 효능이 확인되었고 항암작용 실험에서도 복수암과 간암 등에 유의한 효과가 있는 것으로 확인되었다.

이외에도 감초를 차로 마시면 위산을 분해하여 위를 편안하게 해주는 효과가 있다. 복부에 팽만감이 있거나 황달에도 효능이 있으며 가벼운 겨울철 동상에도 감초를 달여 세척하면 치료의 효과가 있다. 옛날 한약방에서 왕진을 간 의원을 대신하여 환자들에게 감초를 달여 먹였더니 모두 나은 것을 보고 많은 부분에 효과가 있다 하여 '약방의 감초'라 부를 정도로 많은 효능이 있다.

(2) 생강

원산지는 동남아시아로 동인도의 힌두스탠 지역이 원산지로 추정되며 한국에서는 고려 시대 이전부터 재배했을 것으로 추정하고 있다. 뿌리줄기 말린 것을 약재로 사용하는데 고대부터 감기나 추위에 좋은 약재로 사용하고 발열이나 구토, 오한, 가래 치료에도 효과가 있으며 복통, 설사, 소화력 증진, 혈액순환 촉진에도 효과가 있다. 차로 마시거나 생강주로 만들기도 하고 향신료로도 사용하며 홍차나 허브와 곁들여도 잘 어울린다.

(3) 시나몬

원산지는 동남아시아, 스리랑카, 미얀마로 후추, 클로브와 함께 세계 3대 향신료로 불린다.

흔히 시나몬과 계피가 같다고 알고 있지만, 둘은 서로 종이 다르며 속(Genus)명이 '시나모멈(Cinnamomum)'으로 같아서 생긴 일이다.

시나몬은 단맛이 고급스러운 '실론 시나몬(Ceylon Cinnamon)'으로 육계나무의 안쪽 껍질을 떼어내 말려서 만들며 계피는 상대적으로 매운맛과 자극이 강한 '중국 시나몬(Chinese Cinnamon)'이다.

시나몬은 홍차와 함께 마시면 홍차의 풍미를 부드럽고 달콤하게 만들어주어 널리 음용되고 있다. 구약성서에서는 모세가 성유 속에 시나몬을 섞어 사용했다는 기록도 있으며, 로마의 네로 황제는 자신의 애첩이 죽자 1년 치의 로마에서 쓸 시나몬을 태워서 사랑을 표현했다고 한다. 이집트에서는 미라 보존에도 쓰였다고 전해진다.

위액 분비를 촉진해 소화를 돕고 설사 치료약으로 사용되었다고 전해지며 몸을 따뜻하게 하여 감기에 효과가 있다. 혈행을 좋게 하고 장기의 기능을 도와 신신대사를 원활하게 한다.

🌿 블렌딩

시각적·영양적·미각적 특성을 높이기 위해 허브와 허브를 섞어 블렌딩을 하기도 하며, 찻잎과 허브 등을 섞어 블렌딩을 하기도 한다. 블렌딩은 차를 시각적으로 더 아름답게 만들고 성분을 보완하여 더 효과적으로 섭취하고 다양한 향미를 즐길 수 있다.

1) 블렌딩 시 고려할 부분

① 블렌딩 목적 세우기: 목적은 간단히, 구체적으로 세우기

② 차의 효능을 확인하여 블렌딩 리스트 세우기

③ 시각적으로 상충하지 않도록 구성하기: 허브의 색이 서로 반대가 될 때는 중간을 연결하는 색의 허브도 함께 구성하기

④ 맛을 보면서 차의 구성과 비율 정하기: 구성은 적은 가짓수에서 점차 늘려가는 것으로 하고 주된 맛과 보완해 주는 맛을 맞춰가며 비율 정하기

🌿 차트 기록 실습

Sensory Evaluation Chart			
Date:		Steeping	
Name:		Leaf Amount:	g
Country of Origin:		Water Temp:	℃
Type / Grade:		Brew Time:	min
Characteristics	Dry Leaf	Infused Leaf	Liquor
Appearance			
Aroma			

Sensory Evaluation Chart			
Date:		Steeping	
Name:		Leaf Amount:	g
Country of Origin:		Water Temp:	℃
Type / Grade:		Brew Time:	min
Characteristics	Dry Leaf	Infused Leaf	Liquor
Appearance			
Aroma			

🌿 차트 기록 실습

Sensory Evaluation Chart			
Date:		Steeping	
Name:		Leaf Amount:	g
Country of Origin:		Water Temp:	℃
Type / Grade:		Brew Time:	min
Characteristics	Dry Leaf	Infused Leaf	Liquor
Appearance			
Aroma			

Sensory Evaluation Chart			
Date:		Steeping	
Name:		Leaf Amount:	g
Country of Origin:		Water Temp:	℃
Type / Grade:		Brew Time:	min
Characteristics	Dry Leaf	Infused Leaf	Liquor
Appearance			
Aroma			

🌿 차트 기록 실습

Sensory Evaluation Chart			
Date:		Steeping	
Name:		Leaf Amount:	g
Country of Origin:		Water Temp:	℃
Type / Grade:		Brew Time:	min
Characteristics	Dry Leaf	Infused Leaf	Liquor
Appearance			
Aroma			

Sensory Evaluation Chart			
Date:		Steeping	
Name:		Leaf Amount:	g
Country of Origin:		Water Temp:	℃
Type / Grade:		Brew Time:	min
Characteristics	Dry Leaf	Infused Leaf	Liquor
Appearance			
Aroma			

VIII

티의 추출

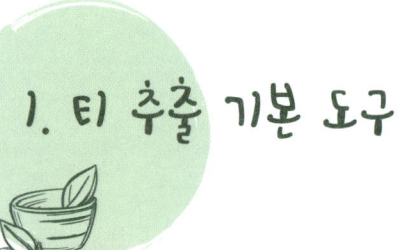

1. 티 추출 기본 도구

티팟

보온주전자

티 메저스푼

스트레이너

계량서버

타이머

ⓐ 티팟 : 도자기, 유리 등의 재질로 포다법으로 차를 우릴 수 있는 다관이다.

ⓑ 보온주전자 : 차를 우릴 때 조절한 물의 온도를 유지하며 우릴 수 있는 도구이다.

ⓒ 티 메저스푼 : 차량을 조절하며 찻잎을 담을 수 있는 도구이다.

ⓓ 스트레이너 : 우려진 찻잎을 거를 수 있는 도구이다.

ⓔ 계량서버 : 물의 양을 조절하여 다관에 넣거나 우려진 차를 담을 수 있는 도구이다.

ⓕ 타이머 : 차를 우리는 시간을 설정하여 확인할 수 있는 도구이다.

2. 티 추출 다구의 종류(중국 다구)

🌿 개완

    개완의 뚜껑은 '배게'로 하늘을 뜻하고 개완의 몸통은 '배신'으로 사람을 뜻하며 개완의 받침은 '배탁'으로 땅을 뜻하여 '천인합일'을 의미한다. 차를 우리는 것과 마시는 것이 모두 가능한 도구로 다류에 영향을 받지는 않지만, 하나의 개완에 여러 다류를 혼합하여 사용하는 것은 삼가는 것이 좋고 음용은 녹차와 백호은침만 한다.

개완

차를 우릴 때 뚜껑은 엄지와 검지를 꼬집듯이 하여 잡으며 남자는 약지와 새끼손가락을 그대로 두고 여자는 약지와 새끼손가락을 펼쳐 난파형으로 잡는데, 자신의 손에 맞는 개완을 선택하는 것이 좋다. 향을 맡을 때는 왼쪽에서 오른쪽으로 하며 9시 방향으로 열고 향이 날아가지 않도록 뚜껑을 완전히 개방하여 사용하지 않는다.

좁고 높은 문향배는 향에 깊이감을 두고 즐기고 넓고 낮은 문향배는 맛에 중점을 두어 사용하는데 '칠분차 삼분정(七分茶 三分情)'이라 하여 잔의 70%만 차를 따르고 나머지는 정(情)으로 채운다.

차를 마실 때는 처음에 수색을 감상하며 입을 적시고 다음으로 향을 감상하며 마지막에 맛을 음미한다. 공도배는 다해 또는 숙우라고도 하는데 공도는 '공평하다'라는 뜻을 지니고 있으며 차의 맛을 유지해 준다.

🌱 자사호

'맹신호'라고도 하며 유약 처리되지 않은 중국 전통 다호로 자주빛 모래라는 뜻의 '자사'를 사용하여 1,100~1,200℃의 고온에서 구워 비늘 모양의 기공[70]이 표면에 형성된다. 이러한 기공에 차의 진액이 스며들어 빈

자사호

---

70) 자사호 안쪽에 구멍이 생겨 통기성과 보온성이 좋아지고 차향이 스며들어 오래두고 즐길수록 향이 우러난다. 또한 차의 향미가 변질되지 않도록 하는 숨구멍의 역할도 한다.

다호에 물만 부어도 차의 향미가 우러나온다. 차를 우릴수록 차의 풍미가 부드러워져 자사호는 '기른다'라고도 표현하는데 최소 일주일에 한 번은 사용하면서 차호를 길들이며 이것을 '양호'라 한다.

자사호를 선택할 때는 수색과 비슷한 자사호를 선택하는 것이 좋고 평평한 곳에 자사호를 뒤집었을 때 일자로 유지되어야 한다. 또한 물을 부을 때 정확하게 물을 부으려는 위치에 부어지고 뚜껑의 공기구멍을 막고 기울였을 때 안의 물이 흐르지 않아야 한다.

찬물로 세척하면 차태[71]가 끼어 기공을 막을 수 있어 피해야 하며 기공에 차의 색과 맛, 향이 스며들어 하나의 자사호엔 하나의 다류만 사용해야 한다.

---

71) 찻잔 안에 남은 찌꺼기

IX

티 레시피

1. 차 우리기

1) 골든룰(Golden rules)

어떤 차를 우리느냐에 따라 차의 양, 물의 온도와 양, 시간 등이 달라야 한다. 차의 특징에 따라 성분이 우러나오는 조건이 다르기 때문이다. 그러나 사람들에게 가장 많이 듣는 질문은 "선생님, 집에서 차를 우릴 때 어떻게 내리는 게 제일 맛있어요?" "선생님은 얼마나 넣으셨어요?" "몇 분 우리실거예요?" 등이었다. 어떤 차를 마시려는지 모르기에 이런 질문에는 이렇게 답한다.

"차에 따라 다르지만, 잘 모르겠을 땐 3g, 300ml, 3분 우리세요!"

골든룰은 영국에서 홍차를 어떻게 하면 더 맛있게 먹을 수 있을까 고민하면서 시작된 것으로 '333 법칙'이라고도 부른다.

모든 다류에 적용되는 것이 아니고 온도도 많은 영향을 주지만, 차를 처음 대할 때 이 차가 어떤 특징을 가지고 있는지 체크하고 어떻게 우릴지 판단할 때 기본적으로 활용하는 좋은 방법이다.

티백으로 차를 우리는 경우에는 차의 특징에 따라 수온과 양, 시간을 정하는 것도 중요하지만 티백을 많이 흔들거나 누르면 탄닌이 지나치게 추출되어 떫은맛과 쓴맛이 강해지기에 피해야 한다.

2) 녹차

녹차는 온도와 물의 상태에 많은 영향을 받는 다류로 중국에서 처음 영국으로 차가 넘어갔을 때 영양학적인 부분과 미적인 부분에서 큰 반향을 일으켰지만, 맛에서 놀라움을 주기 시작한 것은 홍차였던 것처럼 물은 온도가 낮고 연수일수록 차의 부드러운 향미가 우러나고 높은 온도에서 우리는 것은 피해야 한다.

그러나 대부분의 우리나라 사람은 녹차를 정수기의 온수에서 내리거나 물을 끓여서 그대로 부어 마시고는 "역시 난 녹차는 안 맞아."라고 말한다.

녹차는 최소 90℃ 이하의 온도에서 85℃를 전후로 차의 성질을 체크하면서 온도를 설정하고 일본 녹차는 70℃까지 맞춰 우리는데, 녹차는 높은 온도에서 우릴 때 쓴맛이 과다하게 우러나오기에 낮은 온도에서 서서히 성분이 우러나오도록 하며 맛을 체크하며 시간을 설정하는 것이 좋다.

차를 우리는 방법에는 상투법, 중투법, 하투법이 있는데, 일반적으로 가라앉기 쉬운 찻잎은 물을 먼저 부은 후 찻잎을 넣는 상투법을 사용하여 찻잎을 띄우는 시간을 잡아주며, 뜨기 쉬운 찻잎은 먼저 넣고 물을 부어 하투법으로 우린다. 중간까지 물을 붓고 찻잎을 넣은 후 마저 물을 붓는 중투법을 사용하기도 한다. 다만, 물을 너무 거칠 게 붓지 말고 차가 물에 다 적셔질 수 있을 정도로만 부드럽게 물을 만나게 하는 것이 좋다.

3) 백차

백차는 개완으로 우릴 때 뚜껑은 빼고 예열하며 찻잎의 솜털이 부정적인 영향을 받지 않도록 너무 세게 물을 붓지 않고 찻잎이 물에 적당히 적셔지도록 붓는다.

차향이 잘 우러나오도록 너무 낮은 온도의 물은 피하는 것이 좋은데 차의 성질이 약해 낮은 온도의 물은 차향을 원활히 끌고 나오지 못하며 비린 맛이 나기 때문이다.

4) 홍차

홍차는 큰 찻잎을 유념하여 산화 과정에서 꽃과 과일의 향과 단맛이 우러나오기에 높은 온도에서 우릴 때 화사한 향미가 잘 표현되며 경수에서 우려도 좋은 향미로 영국에 홍차가 전해졌을 때 과시용과 약으로 먹던 차를 드디어 맛있게 먹을 수 있게 되어 훗날 홍차 전쟁까지도 일어나게 만들었다.

차를 우릴 때 티 테이스팅을 통해 차의 특징을 빠르게 파악하고 어떻게 우릴지 정하거나, 골든룰에서 시작하여 92~95℃의 물로 특징을 파악한 뒤 세부사항을 정하여 차를 우리면 차의 좋은 성분을 우려 즐기기에 좋을 것이다.

홍차를 우릴 때 '점핑'이라는 방법을 사용하는데 홍차는 찻잎이 크고 거칠어 다관에서 찻잎에 물이 부어지는 힘으로 성분들이 우러나오게 하고 차를 우리면서 너무 많이 다관을 흔들거나(대류) 찻잎을 휘젓는 행위는 좋지 않은 성분을 유발할 수 있으므로 점핑과 적당한 스월링[72](swirling)으로 조절하는 것이 좋다.

5) 청차

청차는 주로 개완을 사용하는데 청차를 우릴 때는 개완의 뚜껑까지 예열하며, 내포성이 좋을수록 여러 번 우려 차향을 즐긴다.

농향계 청차일수록 온도를 조금 높이고 청향계 청차일수록 온도를 조금 낮출 수 있지만, 너무 높으면 텁텁하고 쓴맛이 나고 너무 낮으면 비릿한 향이 우러나오기에 90~95℃ 정도의 물을 사용하는 것이 좋다.

청차는 윤차라 하여 찻잎을 물에 한 번 적시고 버린 후 차를 우리는데 이는 찻잎을 윤택하게 하여 차의 향과 맛이 더 잘 우러나온다.

6) 발효차

황차와 흑차는 민황과 숙성과정을 거치기에 어느 정도의 먼지가 찻잎에 남아있어 바로 차를 우려서 먹지 않고 한번 찻잎에 물을 부어 세척하고 차를 우리는데 이는 '세차'라고 한다.

황차는 너무 높은 온도에서 우리면 차의 부드럽고 산뜻한 향미를 해치고 쓴맛이 강조되어 황차의 매력을 즐길 수 없으므로 92℃ 전후의 온도를 설정하는 것이 좋다.

흑차는 긴압의 형태로, 차의 성분이 더 잘 우러나올 수 있도록 황차보다 높은 온도의 물에서 우려도 되지만, 마찬가지로 95℃ 이상의 높은 온도의

---

72) 둥글게 돌리면서 차를 공기와 만나게 하여 향을 발산하게 하는 것

물은 부정적인 향미가 표현될 수 있어 피하는 것이 좋다.

　좋은 보이차는 주로 자사호로 내리며 뚜껑까지 예열하여 사용하고 내포성이 좋아 여러 번 우릴 수 있어 중국 사람들은 아침부터 저녁까지 자사호에 차를 넣어두고 종일 우려먹기도 한다.

2. 아이스티(Iced Tea)

아이스티하면 특정 브랜드의 복숭아와 레몬 아이스티를 많이 떠올리지만, 실제 아이스티는 차를 차갑게 우린 것을 말하며 더운 여름날 사람들이 뜨거운 홍차를 먹지 않아 고안한 방법이다.

얼음이 들어가기에 일반적으로 차를 우리는 농도를 사용하면 차의 특징이 약해져 찻잎의 양과 시간을 더하는 편이며, 우릴 때 얼음의 양도 함께 계산해야 한다.

하지만 너무 과하게 성분이 우러나면 백탁현상[73]으로 수색이 탁해져 시각적으로 좋지 않으며 맛에서도 텁텁함과 떫음이 강히게 표현될 수 있어 차의 양과 시간을 과도하게 더하거나 차를 마구 흔들면 안 되기 때문에 차의 특

---

73) 얼음에 생기는 하얀 결정체로 차의 성분들이 뭉쳐 응고되는 현상

징을 잘 알고 있어야 마시기 편하고 좋은 아이스티를 우릴 수 있다.

1) 아이스로 차 우리는 법

(1) 급속 칠링법(Chilling)

차를 우려 얼음이 담긴 잔이나 서버에 바로 부으며 온도를 낮추는 방법이다. 얼음이 많이 녹아 농도가 흐려지지 않도록 높은 정확도와 숙련도가 필요하며 아이스로 차를 우릴 때 많이 사용하는 방식이다.

(2) 하프 칠링법(Half Chilling)

차를 우려 서버에 걸러준 후 얼음을 넣어 온도를 낮춰주는 방법이다. 얼음이 많이 녹지 않고 우려낸 차의 향미 변화가 크지 않아 급속 칠링법보다 쉬운 방법이지만, 상대적으로 오래 걸린다.

3. 밀크티(Milk Tea)

밀크티는 차에 우유를 더한 차로 영국에서는 'Tea with Milk'라고 하며 홍차에 우유를 넣는 방식과 우유를 먼저 넣고 홍차를 붓는 방식이 있는데, 우유를 먼저 넣고 차를 부어 농도를 맞추는 것에 더 큰 자부심을 느낀다.

영국에서의 Tea with Milk는 차보다 우유의 양이 훨씬 적은 편으로 차의 향에 우유를 살짝 더해 부드럽게 즐길 수 있으며 일반적으로 소비되는 밀크티는 우유의 양이 많아 영국식 밀크티와는 다르다.

1) 밀크티 만드는 법

(1) 티백을 우려 만들기

일반 카페에서 많이 사용하는 방식으로 전문적으로 차를 우리기에 한계가 있거나 시간을 절약하고 편하게 차를 우리기에 좋은 방식이다.

먼저 1~2개의 티백이 잠길 정도로만 물을 부어 차를 진하게 우린다. 이때 물을 너무 적게 넣으면 찻잎의 성분을 충분히 용해시킬 수 없으므로 찻잎이 충분히 잠길 수 있도록 하고 차의 성분이 많이 우러나오도록 4분 이상 차를 우리고 여러 번 치대어 주는데 이는 우유와 결합하기 위해 홍차와 달리 오히려 탄닌 성분이 나와주는 것이 밀크티에 적합하기 때문이다. 설탕 시럽으로 당도를 조절하며 차와 우유의 농도를 조절한다.

(2) 찻잎을 우려 만들기

전문적인 티룸에서 주로 사용하는 방식으로 찻잎을 밀크티에 적당한 농도로 우리고 우유와 설탕으로 당도와 농도를 조절한다. 이때 일반적인 차의 농도에 우유를 부으면 차의 성분이 부드러워 우유를 잡아줄 수 없기에 진한 농도로 우려서 차의 특징이 잘 드러나고 우유와 잘 조화되도록 만든다.

(3) 밀크팬을 이용하여 만들기

찻잎을 밀크팬에 넣고 우유와 끓이는 방식으로 차와 우유의 조화를 높일 수 있고 묵직한 바디감을 즐길 수 있다.

인도에서는 향신료를 넣어 차의 풍미를 살리고 건강에 이로운 성분들을 끌어내는데 이를 '마살라[74] 차이'라고 한다. 영국이 인도에서 차를 재배한 후 찻잎을 거래하고 남은 찻잎 부스러기들로 차를 우려먹었는데 떫은맛이 너무 강해 우유와 함께 건강에 좋은 향신료들을 넣어 마시기 시작한 것에서

---

74) 인도에서 사용하는 향신료를 부르는 말

유래했다.

(4) 냉침[75]하여 만들기

요즘 많이 사용하는 방식으로 찻잎을 우려 냉침한 원액에 우유를 넣어 만든다. 주로 카페에서 사용하는 방법으로 냉침한 원액을 판매하는 데에도 이용한다.

간혹 우유 자체에 찻잎을 냉침하기도 하지만, 차의 성분이 제대로 우러나오는 데 한계가 있어 추천하지 않는다. 상온의 물보다 약간 높은 온도의 물을 사용하는 것이 원활한 성분 추출을 유도할 수 있다.

---

75) 찻잎을 미지근한 또는 차가운 물로 오랜 시간 우리는 것

Tea Beverage Note

Date._____

이름 :	
종류 :	
재료 :	
레시피 :	보완
Note :	

 **Tea Beverage Note**

Date.

이름 :	
종류 :	
재료 :	
레시피 :	보완
Note :	

Tea Beverage Note

Date.

이름 :	
종류 :	
재료 :	

레시피 :	보완
Note :	

 **Tea Beverage Note**

Date.

이름 :
종류 :
재료 :

레시피 :	보완
Note :	

🌿 마치며

차뿐만 아니라 워터소믈리에 교육에도 올바른 가치와 교육적 이념을 정립하여 주신 경희대학교 고재윤 고황명예교수님께 진심으로 감사드립니다. 또한 티 마스터로서 차에 대한 이론적 지평을 넓혀주신 한국티소믈리에 연구원 정승호 교수님과 음료에 대한 시각을 한 단계 올려주신 티팔레트 고지연 선생님께 감사드립니다. 부족하게나마 한국커피협회 티 마스터 팀원으로서 매년 강사교육을 함께 하는 티 마스터팀과 티 마스터 강사님들께 감사드립니다.

책의 표지 그림을 제공해주신 조서윤 님과 애프터눈티파티 사진을 제공해주신 티아레나 우승희 선생님께도 감사드립니다. 교육하시는 선생님들과 교육생 모두에게 쉽게 받아들여지는 책이길 바라며 읽어주신 모든 분께 감사드립니다. 끝으로 이 책이 나오기 위해 함께 고생해주신 씽크스마트 김태영 대표님과 임직원 여러분, 신재혁 편집자님께 감사드립니다.